Cripto e Bitcoin
Uma Mentalidade Milionária para Oportunidades

Michael A. Duniec

Dedicatória

Este livro é dedicado àqueles cuja jornada na fronteira digital reflete inovação e perseverança. Desde os primeiros dias do Bitcoin, quando as moedas virtuais valiam centavos e o mundo cripto era uma vastidão inexplorada, até os tempos de reviravoltas no mercado e avanços tecnológicos, esta história é um tributo aos ousados e corajosos. Garimpamos não apenas moedas, mas também conhecimento, mergulhando na mecânica da *blockchain* ["cadeia de blocos", em tradução livre] e nos princípios de segurança e autocustódia.

As experiências, desde a adrenalina da corrida pela mineração até as lições preocupantes das quedas do mercado e o fechamento de plataformas como Mt. Gox e Silk Road, pintaram um quadro vívido da infância da era cripto. Vimos fortunas subirem e descerem com a volatilidade do mercado, mas sua riqueza não está nas moedas acumuladas, mas na rica tapeçaria de lições aprendidas e na sabedoria adquirida.

Este livro é dedicado a você e a todos que ousam sonhar e trabalhar nas sombras de gigantes, pois é no zumbido silencioso de suas GPUs e ASICs e no brilho suave de seus monitores que o futuro é forjado. Para os inovadores, os visionários, os incansáveis buscadores da próxima fronteira — que esta história os inspire a perseguir o horizonte, mesmo quando o mundo sussurra a impossibilidade. Na busca do que parece inatingível, descobrimos os caminhos para novos mundos. Um brinde aos sonhadores, aos realizadores e aos pioneiros digitais

— que suas trilhas sejam brilhantes e que seus legados se perpetuem.

Agradecimentos

No mundo dinâmico e em constante evolução das criptomoedas e das finanças descentralizadas, a criação deste livro foi uma jornada de descoberta, inovação e aprendizado profundo. Sou profundamente grato a uma comunidade que prospera com base nos princípios de transparência e colaboração.

Aos inúmeros desenvolvedores e mineradores que lançaram as bases para esta tecnologia, sua dedicação incansável impulsionou o setor e forneceu insights inestimáveis para as páginas deste livro.

Um agradecimento especial aos líderes de pensamento e visionários do espaço de DeFi; suas ideias ousadas e o compromisso inabalável de reimaginar os sistemas financeiros têm sido uma fonte constante de inspiração. Aos investidores experientes e novatos que depositaram sua confiança no potencial dos ativos digitais, suas histórias e experiências foram a base deste abrangente guia.

Também devo reconhecer o inestimável apoio de meus colegas e mentores na comunidade cripto, cuja sabedoria e orientação foram fundamentais para navegar no complexo cenário da tecnologia *blockchain*. As contribuições de pesquisadores acadêmicos que exploraram os fundamentos teóricos da criptomoeda enriqueceram o conteúdo com uma profundidade de conhecimento que é ao mesmo tempo profunda e prática. À minha esposa, filhas e amigos, por sua paciência e compreensão enquanto eu me aventurava nas profundezas da escrita e da pesquisa; seu apoio tem sido minha âncora. E aos leitores, que são a principal força motriz por trás deste empreendimento, que este livro sirva como um farol, iluminando o caminho para a capacitação financeira e uma nova compreensão da Mentalidade Bitcoin.

Sobre o Autor

Mike, um dos primeiros inovadores no setor de criptomoedas, embarcou em sua jornada com o Bitcoin em 2011, durante os estágios iniciais da moeda digital, quando o dinheiro descentralizado ainda era uma ideia nova. Com o preço do Bitcoin em apenas setenta centavos, a previsão e a determinação de Mike o levaram a minerar a criptomoeda, aproveitando o poder computacional das GPUs em uma época em que os *pools* de mineração eram o fator decisivo para a aquisição do Bitcoin. Sua história não é apenas sobre os triunfos, mas também sobre as tribulações, incluindo os infames *hacks* da Mt. Gox e o eventual fechamento da Silk Road, que moldaram sua perspectiva sobre a volatilidade e o potencial deste ativo digital.

Com a evolução do cenário, as estratégias de Mike também evoluíram. Ele se aprofundou na tecnologia de *blockchain* que sustenta o Bitcoin, mudando da mineração para uma abordagem mais analítica de aquisição de moedas por meio de compras no mercado. Uma análise meticulosa de custo-benefício dos investimentos em *hardware* e energia em comparação com as compras no mercado de varejo impulsionou essa mudança. A experiência de Mike foi além da mera aquisição; ele se tornou um defensor da autocustódia e de princípios de segurança robustos, defendendo uma combinação de armazenamento de carteira de *hardware* quente e principalmente frio para proteger os ativos digitais em um mercado tumultuado.

A concepção errônea comum de que os primeiros mineradores de Bitcoin, como Mike, devem ter acumulado fortunas é desafiada pela realidade da instabilidade inicial do mercado. Apesar de minerar Bitcoin quando ele valia frações de um dólar, Mike se concentrou no crescimento sustentável de sua operação, garantindo que seus esforços pudessem sustentar suas despesas de vida enquanto alimentava sua paixão por programação e otimização. O desejo de ter uma máquina do tempo é um sentimento compartilhado por muitos dos primeiros usuários, mas as lições aprendidas e as experiências realmente definem a jornada de Mike.

A história de Mike é um testemunho do espírito de inovação. Sua configuração de mineração improvisada, que consistia em GPUs montadas em uma caixa de papelão, pode ter parecido excêntrica para seus colegas. Ainda assim, era um sinal do impulso inovador que caracteriza os verdadeiros pioneiros. O ceticismo que ele enfrentou reforçou sua crença de que estava na vanguarda de algo inovador. A narrativa de Mike é uma crônica convincente dos primeiros dias da criptomoeda, oferecendo aos leitores um relato pessoal dos testes e triunfos que vêm com o fato de ser um inovador em um campo que já foi descartado por muitos.

Este livro é mais do que um livro de memórias; é um relato histórico da infância das criptomoedas, uma exploração dos princípios monetários e um guia para as políticas governamentais que estão moldando o cenário das criptomoedas. Ele convida os leitores a se aprofundarem no mundo cripto, incentivando-os a pesquisar e entender os detalhes desta revolucionária tecnologia. A história de Mike não é apenas sobre o Bitcoin; é sobre a busca incansável pela inovação e o espírito indomável daqueles que ousam imaginar um futuro financeiro diferente. É uma narrativa que inspira, educa e serve como um guia para aspirantes a inovadores no espaço cripto e além.

Com mais de uma década de imersão no dinâmico mundo das criptomoedas, Mike traz uma riqueza de experiências em primeira mão. Este livro não é apenas um guia; é uma jornada pelo cenário em evolução da DeFi, da Web 3.0 e da inovação da *blockchain*, em que transações rápidas e taxas mínimas são apenas o começo.

A paixão de Mike por descobrir a miríade de oportunidades inexploradas no universo cripto é palpável e serve como um exemplo para entusiastas aspirantes. Ao adotar uma mentalidade Bitcoin, os leitores obterão insights sobre como reconhecer o potencial, compreender a tecnologia de ponta e explorar os projetos emergentes que surgem diariamente. Este livro é um convite para explorar, aprender e ter sucesso no universo cripto, e o autor espera ansiosamente comemorar as conquistas e os novos conhecimentos do leitor.

Prefácio

Nesta exploração abrangente da revolução da moeda digital, embarcamos em uma jornada pelo intrincado mundo das criptomoedas. Desde a gênese do Bitcoin até a miríade de criptoativos que se seguiram, este livro investiga a inovação tecnológica que desafiou os sistemas financeiros tradicionais e provocou uma conversa global sobre o futuro do dinheiro. Cada capítulo é um aprofundamento dos principais momentos e desenvolvimentos críticos que moldaram o cenário das criptomoedas.

Começamos com o nascimento das criptomoedas, um conceito inovador que surgiu das sombras da crise financeira de 2008, prometendo uma nova era de finanças descentralizadas. À medida que avançamos nos primeiros anos do Bitcoin, testemunhamos as lutas e os triunfos de um novo ativo lutando por legitimidade. O desenvolvimento da criptomoeda é uma história de inovação, tão diversa quanto as pessoas que contribuem para sua evolução. O impacto sobre o sistema bancário tradicional é inegável, pois as criptomoedas oferecem uma alternativa às instituições financeiras estabelecidas, forçando-as a se adaptarem ou correrem o risco de ficarem obsoletas.

O papel dos bancos centrais e do governo nessa nova fronteira financeira é complexo, equilibrando os possíveis benefícios com a necessidade de regulamentação e estabilidade. A volatilidade das criptomoedas é um atrativo para os investidores e um alerta para os cautelosos, o que as torna um estudo fascinante da dinâmica do mercado. O aumento dos criptoativos e das oportunidades de investimento sinaliza uma mudança na forma como percebemos o valor e o investimento na era digital. A mineração de *blockchain*, embora seja a base da funcionalidade da criptomoeda, levanta preocupações urgentes sobre a sustentabilidade ambiental.

Ao olharmos para o futuro das criptomoedas, nos deparamos com perguntas sobre sua integração na vida cotidiana e as implicações de longo prazo para as economias globais. Concluindo, este livro não é apenas um relato histórico, mas sim um diálogo sobre a interseção de tecnologia, economia, sociedade e mentalidades inovadoras — uma conversa que está apenas começando pelos olhos de Roger.

Além disso, esta publicação fornece um glossário que serve como uma ferramenta valiosa para esclarecer o jargão técnico, termos exclusivos de criptomoedas, tecnologia e terminologia financeira   especializada.

Índice

Introdução

Roger estava sentado em seu apartamento, tomando o café quente que havia preparado.

Ele se perguntou o que seria uma manhã sem café, depois se reclinou no sofá para aproveitar o clima agradável. Como era domingo, ele não tinha muito trabalho a fazer e havia decidido não ligar o notebook até o dia seguinte. Enquanto tomava o café, lembrou-se de que o preço do café havia quase dobrado desde a última vez que o comprou devido à inflação.

Se o banco central continuasse a emitir notas e a expandir a oferta de moeda, depreciando-a no processo, a inflação nunca pararia. Seu olhar se fixou na estante de livros que fazia parte de sua vida há mais de dez anos e ele pensou que, *se ao menos as criptomoedas tivessem sido incorporadas ao sistema, o problema da inflação poderia ter sido atenuado, pois o sistema do bitcoin, diferentemente dos sistemas bancários e de pagamento tradicionais, baseia-se na confiança descentralizada.*[1] Enquanto olhava para a estante, ele viu o livro "Crypto and Bitcoin: The Myth and Reality" [*Cripto e Bitcoin: O Mito e a Realidade,* em tradução livre], que havia lido em 2014. Tomando mais um gole de café, ele foi até a estante e pegou o livro, dando uma olhada em seu conteúdo.

Alguns termos importantes, como moeda digital descentralizada, rede entre pares, prova de trabalho e *blockchain,* passaram por seus olhos. Com cada termo, ele teve um *flashback* de como foi apresentado a ele e como isso afetou suas práticas financeiras no mundo moderno. O primeiro termo que chamou sua atenção foi "moeda digital descentralizada" — o termo que mudou sua vida. Ele ainda se lembrava de que, em meio à crise financeira de 2008, a onda de criptomoedas tomou o mundo de assalto.

Depois que os sistemas bancários e as instituições financeiras não conseguiram recuperar as grandes hipotecas emprestadas aos proprietários de imóveis, o surgimento das criptomoedas foi considerado uma alternativa para solucionar as falhas dos sistemas monetários existentes.

No entanto, Roger não sabia disso até 2012, quando ouviu de um amigo sobre o conceito de moeda digital descentralizada.

"É o outro nome para as criptomoedas, a moeda digital, que não é regularizada ou centralizada por nenhuma autoridade, como um banco central", ele se lembra de ter dito a seu amigo, que estava totalmente empenhado em aprender sobre criptomoedas desde o surgimento do documento de Satoshi em 2009, conhecido como "Bitcoin Whitepaper" [*"Livro Branco do Bitcoin", em tradução livre*]. Foi ele também quem o apresentou ao Bitcoin. *"Ao contrário das moedas tradicionais, o bitcoin é totalmente virtual. Não há moedas físicas ou sequer moedas digitais propriamente ditas. As moedas estão implícitas em transações que transferem valor do remetente para o destinatário",*[2] ele havia lido em algum lugar ao pesquisar sobre o Bitcoin.

Ao folhear o livro, ele percebeu o quanto havia mudado no mundo das criptomoedas nos últimos dez anos. De uma ideia nova e suspeita a uma parte integrante do mundo prático, até onde o mundo havia chegado, e até onde ele havia chegado como minerador e desenvolvedor de criptomoedas? Ele suspirou e colocou o livro de volta na estante. Ao voltar para o sofá, seus olhos se voltaram para o calendário que mostrava o dia 22 de maio.

Ah! É o Bitcoin Pizza Day, o dia em que Laszlo Hanyecz comprou duas pizzas grandes por 10.000 Bitcoins, exclamou ele, e em vez de ir para o sofá, voltou para a prateleira.

Bitcoin — quão estranhamente interessante é essa moeda, que é criada por meio de mineração e verificada na blockchain. *Se Laszlo Hanyecz tivesse esses Bitcoins hoje, eles valeriam cerca de US$ 200 milhões. Qualquer pessoa que esteja lendo este livro hoje jamais poderia se identificar com a forma como eu entendia os detalhes da criptomoeda e do Bitcoin há uma década,* pensou ele enquanto olhava o livro. Entender o Bitcoin e as criptomoedas parecia mais difícil em 2014, pois não havia pesquisas suficientes sobre o assunto e as pessoas também não tinham experiência em primeira mão com seu uso.

O fato de que *"Os usuários podem transferir bitcoin pela rede para fazer praticamente qualquer coisa que possa ser feita com moedas convencionais, incluindo compra e venda de mercadorias, envio de dinheiro para pessoas e organizações ou concessão de crédito"*[3] era uma pílula difícil de engolir para muitos. Além disso, os conceitos de transações de bitcoin e mineração de bitcoin também eram complicados para as pessoas. Roger entendia a mineração como *"um gigantesco e competitivo jogo de sudoku que é reiniciado toda vez que alguém encontra uma solução e cuja dificuldade se ajusta automaticamente para que sejam necessários aproximadamente 10 minutos para encontrar uma solução."*[4] Desta forma, ficou mais fácil para ele entender como a mineração protege as transações de Bitcoin ao verificar transações válidas e rejeitar transações malformadas ou inválidas. Além disso, ela cria novos bitcoins em cada bloco, semelhante à forma como o banco central imprime moeda. Entretanto, ele sabia que, com a abundância de informações e muitos avanços, a compreensão desses conceitos e o conhecimento prático de como implementá-los em sua vida parecem ainda mais desafiadores.

Ele percebeu que deveria haver um plano abrangente, porém prático e informativo, para ajudar as pessoas a navegar pelas complexidades das criptomoedas e encontrar uma maneira de aproveitar seu conhecimento para melhorar suas posições financeiras. Ele então olhou para seu notebook e percebeu que tinha conhecimento e experiência prática suficientes para compilar algo valioso para o mundo.

Ele sabia que isso não aconteceria da noite para o dia. Embora as criptomoedas já tivessem passado há pouco mais de dez anos, ainda havia desenvolvedores, inovadores, entusiastas e pessoas que sofreram muito com a crise bancária que gostariam de explorar esse mundo. Depois de passar um tempo adequado nesse espaço, ele sabia que ainda era necessária muita educação.

"O mundo precisa entender a história e os fundamentos por trás do Bitcoin, e eu continuaria a divulgá-los", disse ele a si mesmo e abriu um documento em branco para esboçar seus pensamentos. Ele entendia que algumas das complexidades técnicas e conceitos novos poderiam ser assustadores em um primeiro momento. Ainda assim, seria quase impossível perceber o potencial real desse espaço sem mergulhar fundo na teoria e na história por trás de projetos de *blockchain* como Bitcoin e Ethereum. É fundamental entender o mundo das criptomoedas para superar o medo do desconhecido e reconhecer o enorme potencial das criptomoedas para transformar positivamente as finanças.

Uma pessoa comum precisa entender os conceitos básicos para se familiarizar com o universo das criptomoedas. *"Estou no segmento de criptomoedas há tanto tempo que agora parece um pecado se eu não educar as pessoas sobre suas oportunidades e perspectivas. Mas por onde devo começar?"*, ele pensou, e sua mente voltou a 2009, quando o *whitepaper* de Satoshi Nakamoto criou um burburinho no mundo sobre o potencial das moedas digitais descentralizadas. Não apenas o anonimato do autor chamou a atenção, mas os detalhes do *whitepaper* também foram convincentes o suficiente para obter respostas maciças das pessoas. Logo após o estouro da bolha do mercado imobiliário criada pelos bancos e pelas instituições financeiras nos EUA, o mundo tem procurado ansiosamente por uma solução que os tire das adversidades financeiras.

Quando Roger começou a escrever seus pensamentos, ele contou os altos e baixos, os avanços tecnológicos e as mudanças sociais que moldaram o mundo das criptos.

Durante a crise financeira, as criptomoedas surgiram como um "salvador da pátria" e chamaram a atenção das pessoas como a solução para as desvantagens da moeda fiduciária. Diferentemente das *commodities* como moeda, em que o valor intrínseco da moeda está no material com o qual ela é fabricada, como ouro ou prata, o valor inerente da moeda fiduciária está na fé pública no emissor, ou seja, no governo. Como a moeda fiduciária não é respaldada por nenhuma mercadoria valiosa, como ouro ou prata, o risco de sua desvalorização durante a inflação está sempre presente. A primeira década da evolução das criptomoedas foi repleta de descobertas e inovações empolgantes que transformaram o mundo e as práticas financeiras. No entanto, entrar nesse mundo parecia uma tarefa árdua para indivíduos novatos, como pessoas não técnicas sem conhecimento ou experiência em programação ou desenvolvimento.

O *whitepaper* lançado pelos desenvolvedores anônimos tornou-se a base para o desenvolvimento de um modelo de *blockchain*, apresentando a tecnologia *blockchain* ao mundo. Juntamente com a publicação do *whitepaper* do Bitcoin, o bitcoin, a primeira criptomoeda, foi apresentado ao público como *"um conjunto de conceitos e tecnologias que formam a base de um ecossistema de dinheiro digital em que unidades monetárias chamadas bitcoin são usadas para armazenar e transmitir valor entre os participantes da rede Bitcoin".*[5]

Apesar de as pessoas inicialmente serem céticas em relação às criptomoedas, a evolução e o crescimento do ecossistema de criptomoedas e a introdução de novas criptomoedas, como Litecoin e Ethereum, criaram oportunidades viáveis para aqueles que perceberam seu verdadeiro potencial. Histórias de sucesso de pessoas como Charlie Shrem falavam muito sobre como a inovação no espaço havia sido imersa. No âmbito dessa inovação, o surgimento de contratos inteligentes criou um avanço, abrindo caminho para protocolos mais avançados, como contratos DeFi, Web 3.0 e Polygon Chains, a plataforma mais barata para transações de criptomoedas.

A evolução do dinheiro, desde o papel-moeda lastreado em ouro até a moeda digital, assumiu muitas formas, resolveu diferentes problemas e trouxe múltiplas oportunidades. Entretanto, nos tempos modernos, a maior parte do dinheiro é fiduciária, como o dólar americano, e é criada e regulamentada pelo banco central e pelo governo. O sistema depende muito da confiança e das instituições para gerenciar a política monetária. A dependência de toda a economia nos caprichos dos burocratas e não em ativos reais tangíveis é uma das principais causas de problemas significativos no sistema econômico que criptomoeda pode resolver.

No entanto, essa nem sempre é a melhor solução quando se trata de criptomoedas. Apesar de seu potencial promissor, as criptomoedas também apresentam diferentes armadilhas. Por exemplo, a alta volatilidade, a falta de regulamentações e os ataques cibernéticos são as desvantagens significativas que lançam sombras escuras sobre o potencial das criptomoedas. No entanto, contra todas as probabilidades e previsões de fracasso do Bitcoin e das criptomoedas, o Bitcoin sobreviveu ao longo da década e prosperou. Portanto, a compreensão do espaço, juntamente com todas as suas complexidades e fluxos e refluxos, permite que os participantes em potencial se conscientizem dos desafios que poderão ter de enfrentar.

Apesar dos notáveis avanços nos campos, as regras de conduta em relação às criptomoedas ainda estão sendo escritas. A moeda que inicialmente começou como uma moeda totalmente não regulamentada passou por diversos estágios de crescimento e desenvolvimento para regulamentar o setor ao longo da década. Os departamentos e as autoridades regulatórias, incluindo SEC, CFTC, IRS e outros, ainda estão trabalhando para estabelecer regulamentos sobre mineração de cripto, tributação, regulamentação e outras políticas relevantes relacionadas às criptomoedas. Além dos EUA, regulamentações sofisticadas sobre criptomoedas atraíram *startups* importantes em outros países do primeiro mundo, como Singapura, Ilhas Cayman e Suíça. À medida que a tecnologia continua a se moldar e a revolução das criptomoedas continua, o potencial de construção de riqueza também se fortalece. Embora o futuro ainda não tenha sido escrito, se alguém entender o cenário das origens das criptomoedas hoje, poderá participar plenamente do novo mundo das finanças, garantindo que sua jornada à frente seja recompensadora.

Quando Roger terminou de escrever seu rascunho e olhou para o relógio, já haviam se passado cerca de três horas.

Ele tinha tanta coisa em sua mente que queria compartilhar com o mundo, para permitir que eles aproveitassem seu conhecimento e abrissem caminho para a independência financeira e a construção de riqueza, que mal podia esperar para compartilhar seu fundo de conhecimento com outras pessoas.

A xícara de café pela metade, que estava sobre a mesa, chamou sua atenção. Imerso em anotar seus pensamentos, ele havia se esquecido do café que havia esfriado. No entanto, ele estava satisfeito com a leitura do que havia escrito. Parecia ser a introdução perfeita do livro, com diferentes capítulos que dividiam conceitos complexos em ideias compreensíveis.

Começando com o nascimento das criptomoedas e os primeiros anos do Bitcoin, ele planejava abordar o desenvolvimento das criptomoedas e seus diferentes tipos. Ele estava ansioso para compartilhar sua experiência com a mineração de Bitcoin para esclarecer as dúvidas sobre o assunto. Com base nisso, ele decidiu dissecar o impacto das criptomoedas sobre o sistema bancário tradicional e o papel dos bancos centrais e do governo. Por fim, ele revelaria as oportunidades e os riscos das criptomoedas, oferecendo aos leitores um plano para navegar no mundo das criptomoedas e aproveitá-lo ao máximo. Mal sabia ele que sua jornada se tornaria uma narrativa, uma história contada não em gráficos e tabelas, mas por meio das lentes da experiência em primeira mão de uma pessoa, navegando pelas complexidades do universo cripto.

Capítulo 1: O Nascimento das Criptomoedas

"49.980,20 USD", os números que piscavam na tela fizeram Roger sorrir ao verificar o valor atual de um Bitcoin. Isso o fez lembrar dos primeiros dias de criptomoedas como o Bitcoin, quando ninguém estava preparado para comprar um, e ele não tinha um valor definido.

Foi por volta de 31 de outubro de 2008, um ano após o início da grande recessão, enquanto a grave desaceleração econômica e o momento desagradável do dinheiro e das finanças continuavam. As pessoas estavam se esforçando para pagar as contas e procurando uma solução para acabar com a turbulência financeira que ninguém havia previsto. Entretanto, a queda repentina do sistema econômico não foi tão "repentina" assim. Na realidade, foi um acúmulo de diversos anos destinado a terminar da mesma forma que terminou. As pessoas estavam apontando diferentes motivos como culpados pelo estouro da bolha imobiliária dos EUA, mas Roger acreditava que os principais culpados eram os criadores dessa bolha: os bancos e o sistema bancário.

O fascínio do sonho americano custou um preço mais alto do que as pessoas esperavam. Como o governo não conseguiu regulamentar o setor financeiro, os bancos começaram a conceder crédito em condições favoráveis e taxas de juros baixas, causando um aumento anormal na demanda. Os bancos emprestam hipotecas sem considerar o risco de crédito ruim e a capacidade de crédito dos mutuários.

Prevendo que as taxas de juros permaneceriam sempre baixas e que os preços dos imóveis continuariam aumentando, até mesmo aqueles que não teriam se qualificado para o empréstimo obtiveram o crédito a taxas de juros baixas. O aumento drástico no volume total de hipotecas e a introdução de inovações financeiras não garantidas, como hipotecas ajustáveis e *subprime loans* ["empréstimos hipotecários de alto risco", em tradução livre], fizeram com que o volume de crédito emitido para os mutuários aumentasse drasticamente. Como o governo aumentou as taxas de juros para conter a inflação crescente, as taxas de juros sobre as hipotecas ajustáveis e os empréstimos exóticos existentes aumentaram significativamente. Esse aumento chegou a um nível que excedeu as expectativas e a capacidade de pagamento dos mutuários, fazendo com que muitos deles ficassem inadimplentes. Devido à incapacidade de pagar suas hipotecas, as pessoas começaram a vender suas propriedades, causando um aumento anormal na oferta com uma demanda insignificante.

O colapso do mercado imobiliário dos EUA levou a um colapso no valor dos títulos lastreados em hipotecas que flutuavam no mercado. Grandes bancos de investimento e instituições financeiras começaram a entrar em colapso, um após o outro, espalhando a recessão econômica para outras economias do mundo como uma epidemia. Como resultado da recessão econômica, as pessoas perderam a confiança no sistema bancário e monetário.

Foi quando a notícia enigmática da publicação do *whitepaper* sobre Bitcoin tomou o país inteiro de assalto.

"Satoshi Nakamoto's Bitcoin: A new dawn for money?" ["Bitcoin de Satoshi Nakamoto: um novo amanhecer para o dinheiro?", em tradução livre], Roger se sentiu compelido a clicar nessa notícia por curiosidade para saber os detalhes. Ao explorar os detalhes da notícia, ele encontrou um *whitepaper* que contornava o anúncio de uma moeda descentralizada totalmente diferente do sistema centralizado predominante.

Uma pessoa chamada Satoshi Nakamoto enviou um artigo chamado "Bitcoin: A Peer-to-Peer Electronic Cash System" ["Bitcoin: um sistema de dinheiro eletrônico entre pares", em tradução livre] para uma lista de discussão sobre criptografia, anunciando o advento público do Bitcoin para o mundo. Ele apresentou uma *"versão puramente entre pares do dinheiro eletrônico que permitiria que os pagamentos on-line fossem enviados diretamente de uma parte para outra sem passar por uma instituição financeira"*.[6] Depois de salvar o documento para estudá-lo mais tarde, ele procurou o autor. *"Quem é Satoshi Nakamoto?"*

Roger olhava fixamente para a tela, lendo e relendo o *whitepaper* intitulado "Bitcoin: um sistema de dinheiro eletrônico entre pares". Ele se recostou em sua cadeira, com os dedos entrelaçados em pensamento enquanto refletia sobre as possíveis implicações.

"Isso pode mudar tudo", ele murmurou.

O documento contornava um sistema revolucionário de moeda digital que permitia o envio de pagamentos on-line diretamente entre as partes, sem a necessidade de uma instituição financeira. Ele era brilhante em sua simplicidade: usava criptografia e um servidor de registro de data e hora distribuído para gerar uma prova computacional da ordem cronológica das transações.

Mas quem era esse Satoshi Nakamoto? O documento não fornecia informações sobre seu autor, nome ou endereço de e-mail, apenas uma chave pública de criptografia.

Roger franziu a testa, mergulhado em especulações. Nakamoto era um indivíduo ou um grupo? Americano, europeu, asiático? O pseudônimo que soava japonês não oferecia pistas reais.

Verificando o registro de data e hora, Roger viu que o artigo havia sido publicado em 31 de outubro de 2008. Ele se lembrou da crise financeira que havia se agravado no último mês. Os grandes bancos estavam falindo aos montes, enquanto o mercado de ações despencava. As pessoas estavam perdendo a confiança nas instituições financeiras tradicionais

"Momento perfeito", murmurou Roger. "Esse pode ser o antídoto: um sistema descentralizado, livre de intermediários."

Uma maneira de transferir fundos com segurança sem depender de bancos ou governos. Revolucionário. Essa é a pergunta que rondava a mente de todos que souberam da notícia. Todos estavam curiosos para saber sobre ele, mas não conseguiam descobrir sua verdadeira identidade. Roger fez uma busca por seu nome no Google, mas não obteve nenhum resultado positivo. Isso fez Roger acreditar que o nome era um pseudônimo usado propositalmente para ocultar a identidade real do autor. Naquela época, ele não tinha ideia de que o reino das criptomoedas havia dado origem a um dos maiores mistérios do século XXI, um mistério que continua sem resposta até hoje.

As informações reveladas no *whitepaper* não poderiam passar despercebidas. Portanto, as pessoas ficaram curiosas para saber sobre o indivíduo que havia resolvido o problema de uma década dos criptógrafos ao criar uma moeda digital descentralizada, livre do controle de uma autoridade central. Com o aumento da curiosidade das pessoas, começaram a surgir diferentes teorias de conspiração sobre a identidade do autor do *whitepaper* do Bitcoin, Satoshi Nakamoto. Uma das primeiras suposições foi a de que a pessoa em questão era um grupo de indivíduos ou empresas, e não um indivíduo. Como o pronome "nós" foi usado em todo o *whitepaper*, isso fortaleceu as alegações de que Satoshi era um grupo em vez de um indivíduo.

No entanto, ninguém conseguiu rastrear as pessoas envolvidas nesse grupo. O único modo de comunicação usado por Satoshi era o e-mail. Com a falta de detalhes do histórico e de informações pessoais, rastrear as origens de Satoshi parecia quase impossível, mas a busca nunca foi interrompida. Com o tempo, mais teorias foram acrescentadas e algumas suspeitas chegaram a ser atribuídas a pessoas diferentes. Uma das primeiras pessoas que se acreditava ser Satoshi Nakamoto era um homem nipo-americano devido a suas tendências libertárias, sua herança japonesa e seu sobrenome. As primeiras informações reveladas sobre Satoshi Nakamoto foram que ele possivelmente morava no Japão. No entanto, acreditava-se que o endereço de e-mail que ele usava era de um serviço gratuito alemão. Dorian Nakamoto, formado em física pela Universidade Politécnica Estadual da Califórnia, negou categoricamente as acusações de ser Satoshi.

Outra afirmação forte sobre a descoberta da verdadeira identidade de Satoshi foi feita sobre um cientista australiano, Craig Wright, quando uma revista afirmou ter fortes evidências. A evidência mais convincente eram os artigos no blog de Wright, que faziam referência a um documento sobre criptomoedas meses antes da publicação do *whitepaper* sobre o Bitcoin. Alguns e-mails vazados, correspondências e transcrições de reuniões com seus advogados também sugeriam que ele era o cérebro por trás do Bitcoin. Posteriormente, descobriu-se que os artigos do blog tiveram suas datas alteradas para o passado, o que criou um forte argumento contra a suspeita de que ele fosse o verdadeiro Satoshi.

Mais tarde, Nick Szabo, fundador da Bit Gold, também foi alvo de suspeitas. Ele não apenas foi pioneiro na ideia de contratos inteligentes em um artigo de 1996, mas seu conceito de Bit Gold também era bastante semelhante ao Bitcoin. Algumas outras semelhanças também sugeriam a possível identidade real de Nick, mas nenhuma evidência substancial poderia ter corroborado as alegações.

Outra teoria interessante que Roger encontrou foi sobre Satoshi Nakamoto ser o acrônimo de quatro empresas asiáticas: Samsung, Toshiba, Nakamichi e Motorola. Acreditava-se que as quatro empresas de tecnologia poderiam ter participado da publicação do *whitepaper* sobre o Bitcoin, mas não foi possível encontrar evidências suficientes para sustentar essa crença. Algumas pessoas até chegaram a pensar que ele era um viajante do tempo ou um alienígena que desapareceu depois de publicar o *whitepaper*. A identidade de Satoshi continua sendo um mistério até os dias de hoje. Mesmo depois de mais de uma década desde a introdução do Bitcoin, as pessoas ainda não sabem quem é Satoshi e o verdadeiro motivo por trás de sua identidade oculta.

Depois de pesquisar sobre o misterioso autor do *whitepaper* sobre Bitcoin, Roger voltou a colocar as mãos no conteúdo do documento. Sentado em sua cadeira em frente ao computador, ele se inclinou para frente, lendo com um entusiasmo renovado. Parágrafo por parágrafo, os detalhes técnicos começaram a fazer sentido. Era mais do que apenas teoria — o documento descrevia um sistema em funcionamento. Quem quer que fosse

Nakamoto, já havia criado um *software* para implementar o protocolo Bitcoin. Ao examinar o documento, ele percebeu que ele descrevia uma solução para o problema do gasto duplo, introduzindo a primeira moeda digital descentralizada do mundo. O documento começava destacando as limitações dos sistemas de pagamento eletrônico e os contras da dependência de terceiros como intermediários.

"Embora o sistema funcione bem o suficiente para a maioria das transações, ele ainda sofre com os pontos fracos inerentes ao modelo baseado em confiança. Transações totalmente irreversíveis não são realmente possíveis, pois as instituições financeiras não podem evitar a mediação de disputas."[7]

Como solução para o problema mencionado acima, Satoshi destacou a necessidade de um sistema de dinheiro eletrônico puramente *peer-to-peer* ["entre pares" ou "ponto a ponto", em tradução livre] que eliminaria a necessidade de terceiros confiáveis.

"O que é necessário é um sistema de pagamento eletrônico baseado em prova criptográfica em vez de confiança, permitindo que quaisquer duas partes dispostas a fazer transações diretamente sem precisar de um terceiro de confiança."

Em seguida, ele apresentou a ideia de uma moeda digital, que ele definiu como *"uma cadeia de assinaturas digitais"*. À medida que Roger continuava lendo, sua curiosidade aumentava. Ele passou para a próxima seção do documento, que discutia as transações.

Ao contrário do sistema tradicional, que dependia de uma entidade para verificar e aprovar as transações, Satoshi criou um mecanismo que exigiria que as transações fossem tornadas públicas para verificação. De acordo com seu *whitepaper*, antes que cada bloco de transação (um registro público de transações) fosse adicionado à *blockchain*, todas as partes envolvidas deveriam concordar e registrar a sequência da transação.

"Mas como isso pode ser feito?", exclamou Roger ao passar para a próxima seção.

"A solução que propomos começa com um servidor de registro de data e hora",[8] a primeira frase chamou sua atenção. O Bitcoin resolveu o problema do gasto duplo fornecendo evidências da presença de cada bloco na blockchain com referência a um registro de data e hora. De acordo com sua proposta, todas as informações armazenadas no bloco do Bitcoin eram transformadas em uma sequência mais curta de caracteres conhecida como *hash*. O *hash* de cada bloco também conteria o *hash* do bloco anterior, e um minerador de Bitcoin que adicionasse um novo bloco à blockchain marcaria o *hash* com um registro de data e hora. Com cada *hash* reforçando e verificando o *hash* anterior, o risco de transações não verificadas seria eliminado.

O mecanismo para evitar o gasto duplo e verificar cada transação foi chamado de "prova de trabalho". A rede Bitcoin usaria *"um sistema de computação distribuída (chamado de algoritmo de prova de trabalho) para realizar uma eleição global a cada 10 minutos, permitindo que a rede descentralizada chegasse a um consenso sobre o estado das transações. Isso resolve o problema do gasto duplo, em que uma única unidade de moeda pode ser vendida duas vezes"*.[9]

O *whitepaper* o definia como um sistema de uma CPU, um voto, em que nós honestos levariam a uma blockchain aberta. As seis etapas para executar a rede Bitcoin mencionadas no documento incluem:

- *As novas transações são transmitidas a todos os nós.*

- *Cada nó reúne as novas transações em um bloco.*

- *Cada nó trabalha para encontrar uma prova de trabalho difícil para seu bloco.*

- *Quando um nó encontra uma prova de trabalho, ele transmite os blocos para todos os nós.*

- *Os nós aceitam o bloco somente se todas as transações nele contidas forem válidas e ainda não tiverem sido gastas.*

- *Os nós expressam sua aceitação do bloco criando o próximo bloco na cadeia, usando o hash do bloco aceito como o anterior.*[10]

Roger entendeu isso como cada participante da rede Bitcoin vendo e verificando as transações para garantir transparência e segurança. *"A mineração fornece segurança para as transações de bitcoin ao rejeitar transações inválidas ou malformadas. Ela cria novos bitcoins em cada bloco, assim como um banco central imprime dinheiro novo."*[11]

A seção seguinte revelou a estrutura de mineração baseada em incentivos. Para incentivar os nós a permanecerem honestos, o sistema adicionaria um incentivo para que os nós apoiassem a rede.

"O que isso significa?", ele ponderou até entender.

"A mineração alcança um equilíbrio perfeito entre custo e recompensa. A mineração usa eletricidade para resolver um problema matemático. Um minerador bem-sucedido receberá uma recompensa na forma de um novo bitcoin e uma taxa de transação. No entanto, a recompensa só será recebida se o minerador tiver validado corretamente todas as transações, de acordo com as regras do consenso."[12]

Foi proposto que as transações mais antigas de Bitcoin fossem transformadas em um resumo de múltiplas transações (Árvores de Merkle) para recuperar o espaço em disco e simplificar o processo de verificação de pagamento para os nós. Em vez de fazer transações separadas para cada transferência, cada transação teria uma única entrada de uma transação anterior maior ou múltiplas entradas menores e dois resultados.

Um resultado é para o pagamento e o outro é para retornar a alteração.

Por fim, ele se deparou com a parte que mais o preocupava: a privacidade. Diferentemente dos sistemas bancários tradicionais, as transações em Bitcoin são baseadas no anonimato completo do proprietário da conta. Cada proprietário de conta receberia um endereço distinto, ou o que é conhecido como chave pública, que é uma sequência de 26 a 35 caracteres. Todos os nós poderiam ver as transações sem saber a identidade do beneficiário. O endereço exclusivo atribuído a cada proprietário de conta não estaria vinculado a nenhuma informação privada do proprietário da conta.

"Uma das vantagens do Bitcoin em relação a outros sistemas de pagamento é que, quando usado corretamente, ele oferece aos usuários muito mais privacidade. Adquirir, manter e gastar bitcoin não exige que você divulgue informações sensíveis e pessoalmente identificáveis a terceiros."[13]

Por outro lado, o proprietário da conta terá uma chave privada, um código alfanumérico semelhante a uma senha, para acessar suas carteiras de Bitcoin, autorizar transações e comprovar a propriedade de um ativo de blockchain. A mente de Roger se acelerou enquanto ele contemplava as ramificações.

"Isso poderia dar às pessoas soberania financeira e privacidade. Eliminar as taxas de intermediários cobradas pelos processadores de pagamento. Oferecer acessibilidade a

qualquer pessoa com uma conexão à Internet. Bancarizar os que não têm conta bancária. Capacitar o indivíduo", os olhos de Roger se iluminaram quando ele compreendia a ideia do livro-razão digital.

"Isso também significa que o celular da pessoa pode ser destruído, mas, desde que ela tenha sua chave secreta, poderá retornar à rede e recriar o valor armazenado. Portanto, contanto que você conheça sua seed phrase, *poderá transferir riqueza e armazená-la na blockchain, que é seu livro-razão digital, e ninguém poderá tirar isso de você"*, quanto mais tempo ele dedicava ao assunto, mais ele compreendia o conceito de moeda digital descentralizada.

O documento revelou que *"Nakamoto combinou diversas invenções anteriores, como o b-money e o HashCash, para criar um sistema de dinheiro eletrônico completamente descentralizado que não depende de uma autoridade central para a emissão e liquidação de moedas e validação de transações"*.[14] Isso significa que a moeda digital descentralizada teria o potencial de revolucionar e remodelar fundamentalmente as finanças globais.

"Se o sistema proposto assumir o controle do sistema monetário existente, os bancos centrais e os governos não terão mais controle unilateral sobre a oferta de dinheiro." A curiosidade de Roger aumentou um pouco mais em relação às criptomoedas, pois ele as viu como uma solução para resolver as falhas do sistema financeiro tradicional e com muito potencial oculto também. Ele mal podia esperar para compartilhar essa descoberta com seus colegas. Se implementado corretamente, o Bitcoin pode ter um impacto sísmico. Ele poderia mudar fundamentalmente a natureza do dinheiro e das finanças.

"Isso é apenas o começo", Roger sussurrou para si mesmo. Ele podia sentir em seus ossos que o documento de Satoshi Nakamoto representava um momento decisivo: o início de uma nova era na moeda digital descentralizada. O futuro começa agora. Momentos depois, Roger se recostou em sua cadeira, esfregando os olhos enquanto tentava processar tudo o que acabara de ler. O *whitepaper* de Satoshi Nakamoto era denso e técnico, mas as implicações eram profundas.

Este protocolo Bitcoin poderia revolucionar as finanças ao criar um sistema de dinheiro eletrônico entre pares que não depende de nenhuma autoridade central, como um banco ou governo. Ele aproveitou a prova criptográfica e um servidor de registro de dados e hora distribuído para verificar as transações. O Bitcoin poderia ser enviado diretamente entre os usuários, como dinheiro digital, sem passar por nenhuma instituição financeira. Roger olhou pela janela para as ruas da cidade abaixo. A economia global ainda estava se recuperando da crise financeira de 2008. Práticas predatórias de empréstimos por grandes bancos desencadearam uma enorme bolha imobiliária que acabou estourando, enviando ondas de choque por todo o sistema. O governo teve que intervir com resgates quando os bancos alavancados em excesso começaram a falir. A Reserva Federal acionou as impressoras de dinheiro em programas de flexibilização quantitativa projetados para injetar liquidez no sistema que estava em dificuldades.

"Flexibilização Quantitativa ('QE', da sigla em inglês) é uma ferramenta de política monetária que envolve bancos centrais que compram ativos financeiros do mercado, geralmente títulos do governo ou outros títulos, para injetar dinheiro na economia e reduzir as taxas de juros de longo prazo." [15] Essa política é normalmente empregada quando as medidas padrão de política monetária, como a redução das taxas de juros, se mostram ineficazes.

Como a maioria dos bancos geralmente segue o sistema bancário de reservas fracionárias, o objetivo era resgatar, emitir mais empréstimos para pessoas físicas e jurídicas e estimular o crescimento econômico. No sistema bancário de reservas fracionárias, apenas uma fração dos depósitos dos clientes é mantida em reserva, enquanto o restante fica disponível para empréstimos ou investimentos. Esse sistema permite que os bancos criem dinheiro por meio do processo de empréstimo, contribuindo para a oferta geral de dinheiro na economia.

Entretanto, tudo o que as ações do Fed fizeram foi apoiar os mesmos grandes bancos que causaram a crise em primeiro lugar. Os indivíduos, os investidores médios e as pequenas e médias empresas foram deixados na mão. Os bancos não emprestaram tanto dinheiro quanto o Fed esperava e estavam ocupados acumulando o dinheiro.

Alguns bancos utilizaram os fundos acumulados para minimizar a dívida hipotecária subprime remanescente em seus livros, enquanto outros aumentaram seus índices de capital. Alguns bancos até se queixaram de não ter tomadores de empréstimos dignos de crédito em número suficiente devido ao aumento dos padrões de empréstimo. Por outro lado, a liquidez do programa de QE adicionada ao sistema econômico não se mostrou suficiente para aumentar os empréstimos em circulação ou a oferta de moeda.

O Bitcoin ofereceu uma alternativa: um sistema monetário descentralizado que não dependia de instituições humanas falíveis. Seu fornecimento fixo e recompensas de mineração significavam que não havia impressão arbitrária de dinheiro ou manipulação por parte dos banqueiros centrais, enquanto os usuários podiam controlar seus fundos sem a supervisão de bancos ou governos.

"Isso pode mudar tudo", exclamou Roger. O Bitcoin pode ser o bote salva-vidas para escapar de um sistema financeiro legado que está afundando. Ele abriu um novo reino de possibilidades.

Roger sabia que tinha que se envolver e ajudar a compartilhar o Bitcoin com o mundo. Isso era importante demais para ficar quieto. Ele se inclinou para frente novamente, ansioso para continuar lendo o *whitepaper* de Satoshi e começar a descobrir como apoiar essa revolução tecnológica.

Roger passou os dias seguintes decifrando o *whitepaper*. Ele se recostou em sua cadeira, deixando que o peso das palavras de Satoshi fosse absorvido. Esse não era um *whitepaper* comum — ele descrevia uma estrutura para uma moeda digital descentralizada e um sistema de pagamento ponto a ponto, diferente de tudo o que existia antes.

Seus pensamentos voltaram às origens do dinheiro, o *"meio de troca universalmente aceito que serve como unidade de conta, reserva de valor e padrão de pagamento diferido"*,[16] e o quanto ele evoluiu ao longo da história humana. O dinheiro assumiu diferentes formas ao longo da história, sendo uma ferramenta fundamental nos sistemas econômicos e facilitando a troca de bens e serviços ao atuar como intermediário nas transações. Desde os sistemas rudimentares de permuta que prevaleceram há cerca de 6.000 anos até os metais preciosos e, por fim, o papel-moeda lastreado em ouro, a moeda assumiu muitas formas.[17] Entretanto, nos tempos modernos, a maior parte do dinheiro é moeda fiduciária, como o dólar americano, criada e regulamentada por bancos centrais e governos.

Este sistema depende muito da confiança nas instituições para gerenciar a política monetária de forma responsável. No entanto, Roger viu várias vezes como os bancos centrais imprimem dinheiro à vontade, desvalorizando a poupança e causando inflação (um imposto oculto). Toda a economia se baseia nos caprichos dos burocratas, e não em qualquer ativo real tangível. O Bitcoin é diferente. Por definição, apenas 21 milhões de bitcoins existirão. Novas moedas são "mineradas" pelos usuários, fornecendo poder de computação para proteger a rede e processar transações por meio de prova de trabalho. As regras do sistema são programadas; nenhum intermediário humano pode alterar a oferta de dinheiro.

O livro-razão descentralizado da blockchain permite transações ponto a ponto sem intermediários centralizados, dando aos usuários o controle de seu próprio dinheiro. Além disso, os bitcoins têm escassez verificável e não podem ser degradados, o que os torna uma reserva de valor ideal.

Roger sorriu, sentindo uma onda de entusiasmo. Não se tratava apenas de uma nova moeda digital; ela tinha o potencial de mudar as finanças globais e capacitar o indivíduo de forma fundamental. Os dias do sistema bancário antigo estavam contados, e o futuro que Satoshi delineou era revolucionário demais para ser ignorado. Roger sabia que tinha que fazer parte disso. Fazendo uma retrospectiva dos primeiros dias do lançamento da publicação do *whitepaper* do Bitcoin após uma década, Roger sabia que sua compreensão do significado do documento não estava errada. O significado do *whitepaper* do Bitcoin é multifacetado e vai muito além de ser simplesmente um documento técnico que descreve uma nova moeda digital. O *whitepaper* não estava apenas explicando uma nova moeda; ele propunha um paradigma totalmente novo para pagamentos on-line e transferência de valores. Ele introduziu a ideia de uma moeda digital descentralizada e sem confiança, desafiando o sistema financeiro estabelecido.

Ponderando sobre as implicações do Bitcoin, Roger se recostou em sua cadeira. *Ele pensou em uma moeda digital descentralizada fora do controle de governos e bancos.* Ela apresentava uma maneira intrigante de as pessoas trocarem valores entre si sem depender de intermediários falíveis. No entanto, Roger sabia que havia desafios pela frente. Para que o Bitcoin fosse amplamente adotado, era necessário que as pessoas pudessem adquiri-lo e usá-lo com facilidade. Isso significava encontrar maneiras de converter moedas fiduciárias, como dólares, em cripto e vice-versa.

As moedas tradicionais, também conhecidas como moedas fiduciárias, são emitidas com a autorização de governos e bancos centrais. A moeda fiduciária não tem valor intrínseco, pois é derivada da autoridade central que a declara como moeda de curso legal. Os bancos centrais têm autoridade para imprimir notas de moeda e fazer circular dinheiro no mercado para manter as rodas da economia funcionando. As forças de oferta e demanda afetam significativamente o valor da moeda fiduciária. Quanto mais dinheiro em circulação, menor seu valor, levando à inflação.

Por outro lado, existe a ideia de uma moeda descentralizada que não requer regulamentação de nenhuma autoridade governamental. As moedas descentralizadas, como o Bitcoin, geram seu valor a partir da confiança da comunidade. Ao contrário das moedas tradicionais, o bitcoin é protegido do risco de inflação por meio do *halving* do Bitcoin.[18] *"Halving"* é o termo que descreve o evento que ocorre após a mineração de cada 210.000 blocos, fazendo a recompensa do bloco de Bitcoin ser cortada pela metade. Como resultado, o número de moedas que entram na rede é reduzido, eliminando o risco de desvalorização da moeda.

As criptomoedas servem como um meio de troca fora do sistema bancário tradicional, operando em redes descentralizadas, utilizando a tecnologia blockchain e oferecendo uma alternativa financeira inclusiva e sem fronteiras. Ao fornecer um meio de troca descentralizado e acessível, elas oferecem um sistema monetário alternativo que opera fora da estrutura bancária tradicional. Como as criptomoedas operam em redes descentralizadas, geralmente baseadas na tecnologia blockchain, nenhuma autoridade central controla ou governa a moeda, como um governo ou uma instituição bancária. Elas são acessíveis a qualquer pessoa com uma conexão à Internet, independentemente de sua localização geográfica. Essa inclusão permite que indivíduos que podem não ter acesso a bancos ou que não têm acesso a bancos participem de transações financeiras sem depender da infraestrutura bancária tradicional.

Além disso, as criptomoedas oferecem uma alternativa para indivíduos que não têm acesso aos serviços bancários tradicionais, reduzindo a necessidade de intermediários e, potencialmente, diminuindo os custos de transação. Diferentemente dos sistemas bancários tradicionais, que podem ter horários de funcionamento e períodos de liquidação, as criptomoedas operam 24 horas por dia. Os usuários podem iniciar transações a qualquer momento, proporcionando flexibilidade e conveniência. No entanto, a primeira etapa é converter a moeda fiduciária em cripto para colher os benefícios das criptomoedas. O processo de conversão de moeda fiduciária em cripto é chamado de "*on-ramping*".[19] É o ponto de entrada para indivíduos que entram no ecossistema de criptomoedas a partir do mundo fiduciário, permitindo-lhes adquirir ativos digitais comprando-os com dinheiro tradicional. Bolsas e corretoras como a Coinbase simplificam as transferências bancárias, e você pode comprar Bitcoin. No entanto, elas exigiam uma rigorosa verificação de identidade para cumprir as normas de combate à lavagem de dinheiro. Roger entendia a necessidade de evitar atividades ilícitas, mas odiava o fato de o sistema bancário legado poder congelar fundos e negar serviços por capricho. As criptomoedas prometiam liberdade financeira, mas as *on-ramps* ainda dependiam das mesmas instituições que o Bitcoin procurava contornar

O processo de conversão de cripto de volta em moeda fiduciária ou de entrada no mundo fiduciário a partir do ecossistema de cripto é chamado de "*off-ramping*". Isso também apresentou desafios. Um desses desafios estava relacionado à conformidade com as regras do KYC. KYC, ou *Know Your Customer* ["Conheça seu cliente", em tradução livre], é um processo regulatório que as instituições financeiras implementam para verificar a identidade de seus clientes. Os principais objetivos dos procedimentos de KYC são evitar fraudes, lavagem de dinheiro e outras atividades ilícitas. As transações de Bitcoin eram pseudônimas, o que dificultava a conformidade das bolsas com as normas de KYC. No entanto, sem as *off-ramps*, as criptos não poderiam cumprir sua missão de se tornar "dinheiro digital".

Roger sabia que esse setor ainda era o Velho Oeste. Mas ele estava convencido de que o Bitcoin poderia revolucionar as finanças. Havia questões regulatórias a serem resolvidas, com certeza, mas ele acreditava que ainda era cedo. Com tempo e escala, o Bitcoin poderia remodelar a forma como o dinheiro flui em todo o mundo, libertando os indivíduos do controle centralizado. Roger estava determinado a transformar essa visão em realidade.

Além de ser o autor do *whitepaper* do Bitcoin, Satoshi Nakamoto é creditado pela criação da primeira blockchain de criptomoedas em 2009, o Bloco Gênesis. Ele serviu como a primeira implicação do sistema de blockchain de prova de trabalho proposto no *whitepaper* do Bitcoin e se tornou um modelo para os outros blocos construídos posteriormente com base nesse blockchain. Em 2009, as condições econômicas começaram a melhorar, marcando o fim da Grande Recessão. Foi quando Satoshi Nakamoto lançou a explosão da blockchain com o Bloco Gênesis.

Em 3 de janeiro de 2009, Satoshi Nakamoto lançou a rede Bitcoin minerando o primeiro bloco, conhecido como "Bloco Gênesis", que continha uma mensagem referente à crise financeira em curso.[20]

Roger relembrou o lançamento e os primeiros dias da rede Bitcoin como um período fascinante marcado por entusiasmo, desafios técnicos e adoção inicial lenta.

Ele estava grudado na tela do computador quando os primeiros blocos de Bitcoin foram minerados em janeiro de 2009. Felizmente, ele era uma das poucas pessoas no mundo que conhecia o inovador *whitepaper* de Satoshi Nakamoto, que propunha um revolucionário "sistema de dinheiro eletrônico ponto a ponto". Inicialmente, apenas um punhado de criptógrafos e programadores estava minerando bitcoins em seus computadores pessoais. Eles estavam espalhados pelo mundo, sem saber a identidade uns dos outros, mas unidos por uma visão compartilhada estabelecida pelo misterioso Satoshi. Embora as pessoas estivessem prestes a perder a confiança na moeda apoiada pelo governo, a adoção de uma moeda sem o apoio de uma autoridade central ainda parecia ser a escolha certa. As transações iniciais envolviam principalmente o envio de pequenas quantidades de Bitcoin entre desenvolvedores e indivíduos interessados.

A rede Bitcoin inicial era frágil, com baixas taxas de *hash* que a deixavam vulnerável a ataques. Mas Roger acreditava no protocolo de Nakamoto, projetado para incentivar os mineradores a aumentar a segurança ao longo do tempo. As transações eram agonizantemente lentas nos primeiros dias, levando horas para serem processadas. Mas eram funcionais o suficiente para provar que o Bitcoin funcionava.

Em outubro de 2009, a New Liberty Standard definiu o primeiro preço do BTC no mundo real em US$ 1 = 1.309,03 BTC.[21] Roger lembrou-se de ter lido sobre um desenvolvedor de *software*, Martti Malmi, que vendeu 5.050 BTC por uma transferência de US$ 5,02 do PayPal, marcando a primeira vez que o Bitcoin foi trocado por moeda fiduciária. Isso demonstrou a utilidade do Bitcoin como um sistema de pagamento. No entanto, mais tarde, essa transação provou valer quase US$ 200 milhões.

No entanto, muitos desafios ainda estavam por vir. O Bitcoin enfrentou ceticismo e hostilidade por parte do setor financeiro convencional. O conceito de dinheiro digital sem autoridade centralizada não tinha precedentes, e o sistema ainda estava em sua fase inicial, sem interfaces de usuário intuitivas. No entanto, Roger não se intimidou, convencido de que a transparência, a imutabilidade e a autonomia monetária do Bitcoin faziam dele o futuro. Ele se dedicou a cultivar essa tecnologia emergente, investindo em *startups* e promovendo sua adoção generalizada. Roger sabia que o Bitcoin evoluiria e que seus recursos se expandiriam de maneiras que nem mesmo Nakamoto poderia prever. Mas ele havia dado um salto monumental. O mundo tinha uma opção descentralizada para a moeda emitida pelo governo. E não havia como voltar atrás.

Capítulo 2: Os Primeiros Anos do Bitcoin

Agora que Roger já havia reunido informações suficientes sobre os conceitos básicos do Bitcoin e das criptomoedas, ele decidiu entrar no assunto. Ele sabia que *"as unidades de bitcoin são criadas por meio de um processo chamado 'mineração', que envolve a execução repetida de uma tarefa computacional que faz referência a uma lista de transações recentes de bitcoin"*.[22] Além disso, seu entendimento se expandiu para o fato de que *"em vez de uma autoridade central confiável, no Bitcoin, cada usuário pode usar um* software *executado em seu próprio computador para verificar a operação correta de cada aspecto do sistema Bitcoin"*.[23] Investigando o sistema Bitcoin, ele descobriu que ele é composto de três elementos: usuários com carteiras que possuem as chaves dos bitcoins, transações realizadas e disseminadas pela rede e os mineradores que produzem a blockchain de todas as transações.

Com a esperança de explorar os recursos das criptomoedas recém-lançadas, Roger começou a explorar as opções de adoção convencional do Bitcoin. Ao se aprofundar no mercado, ele percebeu que não havia maneiras suficientes de obter a nova moeda. Os poucos meios disponíveis continham riscos significativos para os usuários. Expandindo sua pesquisa, ele descobriu duas maneiras de obter o Bitcoin: a primeira era minerá-lo ele mesmo, enquanto a segunda envolvia o engajamento em uma negociação entre pares (P2P) por meio de fóruns de criptomoedas, como o Bitcointalk,[24] um fórum público fundado por Satoshi Nakamoto que oferece aos entusiastas, desenvolvedores, programadores e investidores de Bitcoin a oportunidade de se engajarem em conversas valiosas.

"Outro desenvolvimento do misterioso Satoshi", murmurou Roger enquanto pesquisava na Internet para acessar o site. A plataforma foi lançada no mesmo ano do lançamento do Bitcoin e hospedava discussões sobre criptomoedas, blockchain e Bitcoin. "Que tesouro eu tenho em minhas mãos", Roger não conseguia conter sua euforia, como se tivesse tirado a sorte grande. Durante um ano, ela se tornou sua plataforma de referência para aprender sobre Bitcoin e ficar de olho em todas as atualizações e desenvolvimentos futuros. Outros desenvolvedores, programadores e pessoas interessadas em Bitcoin se engajaram ativamente em discussões insight. O interesse de Roger pelas criptomoedas e pelo Bitcoin cresceu ainda mais com o passar do ano.

No entanto, os primeiros anos de adoção e uso do Bitcoin foram marcados por diversos desafios. A conscientização do público era inicialmente limitada e os casos de uso iniciais eram principalmente especulativos ou experimentos técnicos. Nos primeiros anos, houve um crescimento lento na base de usuários e no volume de transações. Além disso, a mineração estava concentrada nas mãos de poucos indivíduos, o que gerou preocupações sobre a centralização e a possível manipulação. O próprio Roger era cético em relação à centralização da rede. Com o tempo, surgiram os *pools* de mineração, distribuindo o poder e aumentando a segurança da rede.

Além disso, as oportunidades de compra e venda de bitcoins também eram limitadas, o que dificultava o acesso dos usuários comuns à rede. No início, os governos e as instituições financeiras viam o Bitcoin com desconfiança, sem saber como regulamentá-lo, criando incertezas e dificultando a adoção pelo público em geral. Em 2010, enquanto Roger ainda estava vasculhando o novo mundo do Bitcoin, ele se deparou com uma publicação extravagante no Bitcointalk que inicialmente parecia uma pegadinha. Descobriu-se que Hanyecz, um morador da Flórida, foi ao fórum do Bitcointalk em 18 de maio de 2010 com uma solicitação incomum. Ele anunciou seu desejo de comprar duas pizzas grandes usando Bitcoin e ofereceu incríveis 10.000 BTC a qualquer pessoa que atendesse seu pedido de pizza.

A postagem dizia: *"Pagarei 10.000 bitcoins por duas pizzas... talvez duas grandes, para que eu tenha sobras para o dia seguinte"*. Também incluía: *"Você mesmo pode fazer a pizza e levá-la à minha casa ou encomendá-la para mim em um local de entrega, mas meu objetivo é receber comida entregue em troca de bitcoins, sem que eu mesmo tenha que encomendá-la ou prepará-la"*.[25] Hanyecz também mencionou os detalhes de como gostaria de receber a pizza para quem estivesse interessado em sua oferta. Naquela época, o valor do Bitcoin era de menos de meio centavo por moeda, fazendo com que a oferta parecesse extravagante, enquanto muitos a consideravam apenas uma piada. Roger viu a postagem e a resposta das pessoas a ela. Alguém pediu a Hanyecz seu endereço, enquanto outra pessoa sugeriu que ele vendesse os bitcoins em uma plataforma de negociação. Pessoas de outras partes do mundo também aderiram à ideia, dizendo que estariam interessadas na oferta se pudessem ver como o sistema de pagamento funcionaria.

Os dias se passaram e parecia que a busca de Hanyecz por pizzas movidas a Bitcoin não seria cumprida. Em 21 de maio de 2010, ao verificar a discussão, Roger encontrou outro comentário de Hanyecz perguntando: *"Então ninguém quer me comprar uma pizza? O valor em Bitcoin que estou oferecendo é muito baixo?"* Um dia depois, em 22 de maio de 2010, um outro usuário do fórum chamado Jeremy Sturdivant, conhecido pelo nome de usuário *"Jercos"*, aceitou o desafio. Sturdivant concordou em pedir e entregar as pizzas a Hanyecz em troca de 10.000 BTC. Atendendo à exigência, Hanyecz mencionou que o usuário conseguiu que as pizzas fossem entregues a Hanyecz pelo Papa John's.

Então, alguém finalmente comprou as pizzas para este homem em troca de BTC. Roger pensou que parecia que as pessoas tinham desenvolvido sua confiança em torno disso ao ler o comentário de Hanyecz sobre o agradecimento ao usuário, Jercos, por realizar seu desejo. Para entusiastas de cripto, como Roger, esse foi um avanço no ecossistema de criptomoedas.

Em 12 de junho de 2010, Roger se deparou com o comentário de Hanyecz novamente, no qual ele mencionou que manteria a oferta aberta para qualquer pessoa interessada. No entanto, alguns meses depois, ele informou aos usuários sobre a retirada da oferta, pois não conseguia gerar milhares de moedas diariamente. Ao mesmo tempo, seu desafio "pizzas por Bitcoin" continuou ganhando enorme popularidade. Naquela época, ninguém sabia que a lendária transação seria um ponto de virada para o mercado de criptomoedas. Roger, no entanto, achou a transação interessante. "O primeiro uso documentado de Bitcoin para comprar bens físicos definitivamente entraria para a história como um evento importante", antecipou.

O momento seguinte comprovou a exatidão da expectativa de Roger, pois a transação que provou ser o primeiro caso de uso tangível da moeda digital serviu como um marco, ajudando as pessoas a acreditar na legitimidade da moeda digital. No mesmo ano, outra pessoa chamada Gavin Andresen, o desenvolvedor-chefe do código-fonte aberto que definiu as regras da rede Bitcoin, ganhou enorme popularidade no mundo emergente do Bitcoin quando criou um site chamado "The Bitcoin Faucet". Roger visitou o site por curiosidade, e o que descobriu lhe pareceu inacreditável. Ao acessar a página web, ela mostrava uma oferta de Bitcoin grátis para quem apenas resolvesse um *captcha*.

"Estou distribuindo cinco bitcoins por visitante; basta resolver o captcha*, inserir seu endereço de recebimento de Bitcoin e pressionar 'obter'." (Uma torneira de Bitcoin é usada para receber inicialmente uma pequena quantidade de bitcoins em uma carteira recém-criada para pagar o custo da transação ou as taxas de rede (gás) para enviar bitcoins para outro endereço de carteira).*

"*Sério? Isso é algum tipo de pegadinha?*" Roger pensou enquanto acessava o site.

"Não parece realmente uma pegadinha. Bem, não custa tentar, eu acho", ele disse a si mesmo e resolveu o simples *captcha* que levou apenas alguns segundos para ser validado. Ele seguiu as outras instruções e ficou surpreso ao ver cinco bitcoins transferidos para sua conta.

"Isso me ajudará a enviar e receber bitcoins na nova carteira que criei no Bitcoin Core (nó completo)", disse ele, sem perceber como esses cinco bitcoins o ajudariam mais tarde em sua vida. O site permaneceu operacional nos dois anos seguintes e doou cerca de 19.700 bitcoins para os visitantes do site.

Em 2010, quando o interesse das pessoas aumentou ainda mais e começaram a surgir diferentes formas de obter Bitcoin, surgiram as bolsas de Bitcoin. Roger ficou entusiasmado ao ver o desenvolvimento no mundo do Bitcoin que parecia tornar a moeda digital acessível aos usuários comuns. Na mesma época, Roger encontrou uma postagem no Bitcointalk sobre a ideia proposta de estabelecer uma bolsa de Bitcoin em andamento. Alguém escreveu: "*Estou no processo de criar uma bolsa. Tenho grandes planos para ela, mas ainda tenho muito trabalho a fazer. Será um mercado real em que as pessoas poderão comprar e vender bitcoins umas com as outras*". Outros programadores demonstraram interesse, e o usuário que havia gerado a ideia compartilhou o progresso com outros. Com desenvolvimentos graduais, a plataforma de bolsa foi lançada no mesmo ano. Ela funcionava como qualquer outra bolsa, na qual os compradores podiam comprar Bitcoins contra sua moeda fiduciária. Os compradores mantinham os Bitcoins em uma conta de garantia até o momento em que os vendedores recebiam seu dinheiro. Os compradores podiam comprar Bitcoins em troca de dólares americanos transferidos por meio de uma plataforma como o PayPal.

No final de 2010, Satoshi Nakamoto, o mentor por trás da saga do Bitcoin, publicou uma mensagem no Bitcointalk dizendo: *"Há mais trabalho a ser feito no DoS, mas estou fazendo uma construção rápida do que tenho até agora, caso seja necessário, antes de me aventurar em ideias mais complexas"*. A mensagem também continha outros detalhes, mas nem Roger nem outros usuários sabiam que era a última mensagem pública de Satoshi antes de desaparecer no ar em abril de 2011. Antes de ele cortar a comunicação com o mundo, estima-se que cerca de um quarto do total de 21 milhões de bitcoins tenha sido gerado. Um dia, enquanto navegava na web, Roger se deparou com uma bolsa mais organizada chamada Mt. Gox, que foi chamada de a primeira bolsa de Bitcoin. Em um determinado momento, a Mt. Gox era uma bolsa de Bitcoin com sede no Japão que era a maior bolsa de criptomoedas do mundo, lidando com uma porcentagem significativa de todas as transações de Bitcoin.

"De onde vem esse nome? Mt. Gox... Parece interessante. Deixe-me ver o que significa", disse Roger enquanto explorava os detalhes da plataforma. Ele descobriu que o acrônimo "Mt.

Gox" significa *"Magic: The Gathering Online Exchange"*. Mais detalhes revelam que o domínio foi adquirido inicialmente em 2007 para facilitar o comércio de cartas do popular jogo de cartas "Magic: The Gathering".

No entanto, depois de conhecer o Bitcoin em 2010, o proprietário percebeu a necessidade de uma bolsa de Bitcoin e converteu a plataforma em uma bolsa de criptomoedas. Quanto mais Roger se aprofundava no assunto, mais sua curiosidade aumentava. Ele ficou sabendo que a plataforma foi fundada em 2010 por Jed McCaleb, que depois a vendeu para Mark Karpeles em março de 2011.

Sob a propriedade de Karpeles, a plataforma passou a ser uma bolsa de Bitcoin. A Mt. Gox rapidamente se tornou a principal bolsa de Bitcoin, lidando com a maioria das transações de Bitcoin em todo o mundo. Em seu auge, estima-se que ela lidava com cerca de 70-80% de todas as transações de Bitcoin.

Em 2011, muitas outras bolsas de Bitcoin também surgiram, e foi quando começou a infame queda da Mt. Gox, marcada por violações de segurança e dificuldades financeiras. A Mt. Gox enfrentou diversas violações de segurança ao longo dos anos. Em junho de 2011, a bolsa sofreu uma invasão significativa que levou ao roubo de milhares de Bitcoins. Apesar disso, a plataforma continuou operando. Tudo começou quando uma plataforma, a VirWox, começou a facilitar as negociações entre Linden Dollars (a moeda virtual do famoso jogo Second Life) e Bitcoins. Outra plataforma, a Tradehill, outra bolsa de Bitcoin lançada em 2011, facilitava a compra instantânea de Bitcoin sem a condição de enviar ordens limitadas nas bolsas. Logo depois que McCaleb vendeu a plataforma para Karpeles, um *hacker* atacou e vendeu uma conta da Mt. Gox com um número significativo de Bitcoins, levando a uma queda considerável no valor do Bitcoin. O valor da moeda caiu de US$ 17 para US$ 0 em poucos minutos.

Além disso, o *hacker* roubou algumas outras informações da plataforma, o que acabou forçando o site a ficar off-line e interromper suas operações. Apesar do desligamento temporário, apenas dois anos depois, o site ressurgiu, lidando com cerca de 70% do comércio de Bitcoin. Em 2013, a Mt. Gox teve problemas técnicos graves e interrompeu os saques para seus usuários. A bolsa alegou que isso se devia a um bug no *software* do Bitcoin, mas surgiram suspeitas de má administração financeira e possível insolvência. O ano seguinte, 2014, começou com a empresa dominando uma parte significativa do comércio global de Bitcoin; no entanto, no final do segundo mês, a empresa havia entrado com pedido de proteção contra falência.

Roger não conseguia esquecer o dia em que, de repente, soube que a empresa estava declarando falência. Em 7 de fevereiro de 2014, a empresa restringiu todos os saques de Bitcoin, alegando que a restrição era uma pausa temporária para uma visão clara e técnica do processo da moeda. Posteriormente, em 24 de fevereiro de 2014, a empresa suspendeu todas as operações de negociação e fez com que o site ficasse off-line. Todos os usuários perderam o acesso a suas contas e ativos em um piscar de olhos. Embora os ativos não tenham sido perdidos, eles foram congelados para os usuários e eles perderam o acesso a eles nos próximos anos. Posteriormente, descobriu-se que o número de Bitcoins perdidos foi de cerca de 740.000 e, de acordo com algumas fontes, 850.000.[26] Isso representava cerca de 6% do total de Bitcoins existentes na época.

Além disso, uma quantia significativa de cerca de US$ 27 milhões foi encontrada faltando na conta da empresa, o que levou a uma perda financeira e de fundo de comércio significativa. Foi relatado que, por fim, 200.000 bitcoins foram recuperados. No entanto, os 650.000 restantes continuaram desaparecidos. Em 28 de fevereiro de 2014, a Mt. Gox entrou com pedido de proteção contra falência no Japão, declarando que havia perdido 850.000 bitcoins (no valor aproximado de US$ 450 milhões na época) em um ataque de *hackers*. O pedido de falência revelou que a bolsa tinha passivos que excediam seus ativos.

Como resultado dos acontecimentos, Mark Karpeles enfrentou uma ação legal no Japão, acusado de desfalque e falsificação de registros financeiros. Ele negou qualquer irregularidade e alegou que os Bitcoins desaparecidos eram resultado de *hacking*. As investigações sobre o colapso da Mt. Gox continuaram, com as autoridades examinando as circunstâncias que envolveram a perda de Bitcoins e a possível negligência por parte da administração da bolsa. O colapso da Mt. Gox afetou significativamente a percepção das bolsas de criptomoedas e destacou a importância da segurança, transparência e conformidade regulamentar no setor de criptomoedas. Isso também levou a maiores esforços para estabelecer estruturas regulatórias para as bolsas de criptomoedas em todo o mundo. Roger, no entanto, nunca perdeu a crença na moeda digital e reconheceu seu potencial para transformar os sistemas financeiros existentes. Em vez disso, ele percebeu o colapso da Mt. Gox com uma abordagem diferente. Ele acreditava que a criação da Mt. Gox e de outras primeiras bolsas de criptomoedas marcou a evolução do cenário das criptomoedas.

Estas plataformas forneceram a infraestrutura necessária para que os entusiastas, os primeiros usuários e os investidores participassem do crescente ecossistema do Bitcoin. Embora as primeiras bolsas tenham enfrentado desafios, elas lançaram as bases para o cenário robusto e diversificado de bolsas de criptomoedas visto hoje, contribuindo para o crescimento e o desenvolvimento contínuos do mercado de ativos digitais.

Durante os picos e vales do Mt. Gox, Roger se deparou com o Silk Road, o marketplace da *dark web* que usava o Bitcoin como meio de troca.

Considerado o primeiro marketplace on-line da *dark web*, o Silk Road foi um *marketplace* on-line da *dark web* conhecido por facilitar transações ilegais, principalmente envolvendo a compra e venda de drogas ilícitas e outros bens. O Silk Road operava como um serviço oculto na rede Tor como parte da *dark web*. Roger pesquisou o termo *"dark web"* no Google, e os resultados mostraram que a *"dark web é uma parte da Internet que permite que as pessoas ocultem sua identidade e localização de outras pessoas e das autoridades policiais".*[27] Ao analisarmos mais detalhadamente, descobrimos que a *dark web* é uma parte da Internet que está intencionalmente oculta e só pode ser acessada por meio de um *software* específico, mais comumente a rede Tor (The Onion Router).

A rede Tor é uma plataforma de código aberto que mascara o tráfego on-line, criando anonimato para os usuários que navegam em diferentes sites e acessam servidores. Os usuários da *dark web* geralmente permanecem anônimos usando um *software* especializado como o Tor. O Tor direciona o tráfego da Internet por meio de uma série de servidores operados por voluntários e operados globalmente para ocultar a localização do usuário (ou falsificar), o endereço de IP e o histórico do navegador, todos criptografados para vigilância da rede ou análise de tráfego. O "roteamento cebola" do Tor criptografa os dados em camadas, como as camadas de uma cebola, dificultando o rastreamento da origem da comunicação e ajudando a fornecer anonimato aos usuários e aos sites na *dark web*. O uso da *dark web* é controverso, pois ela é famosa por suas atividades ilegais.

Como o uso de moeda fiduciária e de plataformas de pagamento convencionais deu aos reguladores acesso às informações sobre as transações, facilitando sua capacidade de rastrear e capturar os criminosos, o pagamento preferido rapidamente se tornou o bitcoin, aumentando a demanda de usuários para obter as moedas.

A criação de um *marketplace* funcional para criptomoedas e Bitcoin estava em demanda. O Silk Road tornou-se pioneiro em oferecer ao Bitcoin um de seus primeiros casos de uso para lojas anônimas de valor para transações entre compradores e vendedores de mercadorias. Operado por Ross Ulbricht sob o pseudônimo de "Dread Pirate Roberts", o Silk Road tornou-se famoso por seu papel na economia subterrânea. Ross Ulbricht lançou o Silk Road em 2011 como um serviço oculto do Tor, fornecendo aos usuários uma plataforma para transações anônimas no *marketplace*. O *marketplace* ganhou popularidade por sua interface fácil de usar e pela capacidade de realizar transações fora do alcance das autoridades policiais tradicionais.

Devido ao seu modelo exclusivo, o Silk Road rapidamente se tornou um centro de atividades ilegais, incluindo tráfico de drogas, venda de moedas falsas, ferramentas de *hacking* e muito mais. As criptomoedas, particularmente o Bitcoin, eram o principal meio de troca, já que o *whitepaper* do Bitcoin definia seus recursos de privacidade como *"o público pode ver que alguém está enviando uma quantia para alguém, mas sem informações, vinculando a transação a qualquer pessoa"*.[28] À medida que o Silk Road ganhou notoriedade, as agências de aplicação da lei, incluindo o FBI, iniciaram investigações para identificar e prender os envolvidos na administração do marketplace. O anonimato fornecido pelo Tor e pelas criptomoedas representou um desafio para as autoridades. O caso do Silk Road chamou a atenção para o uso de criptomoedas em atividades ilegais, levando a preocupações sobre seu possível uso indevido. Também provocou discussões sobre a necessidade de estruturas regulatórias e recursos de aplicação da lei no espaço de ativos digitais.

Como resultado de interrogatórios e ações contra o mercado clandestino de drogas, o FBI reprimiu o mercado ilegal de drogas, prendendo os culpados, encerrando permanentemente o site e apreendendo cerca de 144.000 bitcoins (US$ 8,6 bilhões em 2024). O caso do Silk Road teve implicações de longo alcance, influenciando a percepção pública, as discussões regulatórias e as estratégias de aplicação da lei no ecossistema de criptomoedas. Ele ressaltou os desafios associados ao anonimato nas transações on-line e destacou a importância de equilibrar a privacidade com a segurança no cenário digital em evolução.

Entre os primeiros usuários, como Roger e Hanyecz, estava Charlie Shrem, um jovem graduado em Economia e Finanças que era estudante universitário quando o Bitcoin surgiu. Filho de pais judeus, ele sempre teve o objetivo de se tornar um rabino. Entretanto, o destino tinha planos diferentes para ele. Vendo o potencial das criptomoedas, Shrem começou a investir em Bitcoin. No entanto, sua jornada não foi tranquila, pois ele perdeu a participação como resultado de uma falha em seu serviço de armazenamento. A perda não fez com que ele se tornasse amargo em relação à moeda digital. Em vez disso, ele se inspirou nela e lançou a BitInstant, uma plataforma que ajuda os usuários a converter seu dinheiro fiduciário em criptomoedas. Com o tempo, a BitInstant provou ser um grande sucesso e, em um determinado momento, foi responsável por cerca de 30% de todas as transações de Bitcoin. O desempenho notável da empresa ganhou enorme atenção das pessoas, atraindo diferentes investidores. Em meio à crescente popularidade da BitInstant, Charlie Shrem se descreveu como um "purista do Bitcoin".

Como um defensor forte e veemente das moedas digitais, especialmente do Bitcoin, Charlie Shrem experimentou um aumento crescente em sua riqueza. Depois veio uma fase sombria na vida e na carreira brilhante de Charlie Shrem, quando ele foi preso por dois anos em 2014. Durante o caso do Silk Bank, Shrem foi acusado de envolvimento indireto em uma transação maciça de cerca de um milhão de dólares em bitcoin em uma bolsa do mercado negro. As graves alegações o levaram a uma sentença de dois anos de prisão. Os relatórios investigativos revelaram que o incidente ocorreu em 2012, quando Shrem facilitou a Robert Faiella a realização de uma transação de Bitcoin na Silk Road. Como Faiella se declarou culpado, Shrem foi pego sob investigação e, mais tarde, se declarou oficialmente culpado em 2014. Os múltiplos litígios e as penalidades fizeram com que Shrem perdesse quase todo o seu dinheiro.

Depois de sair da prisão, Shrem continuou a ser um grande defensor das moedas digitais e do Bitcoin. A história de Roger foi ainda mais agradável.

A exploração do caso Silk Road levou Roger a se dedicar ao estudo de Charlie Shrem, Roger e outros primeiros usuários do Bitcoin e das criptomoedas. Apesar de sonhar em ser motorista de caminhão de lixo em sua infância, Roger estava destinado a explorar o mundo das criptomoedas e ganhar enorme popularidade no ecossistema de criptomoedas, o que lhe deu o nome de "Jesus do Bitcoin".

Ele percebeu isso quando comprou Baklava por 14 BTC de outro usuário inicial de Bitcoin chamado Mandrick. No entanto, ele descobriu o Bitcoin em 2011 e o chamou de "uma das invenções mais importantes da história da humanidade". Quando o Bitcoin estava avaliado em menos de US$ 1 nos primeiros dias, Roger percebeu seu potencial e coletou um orçamento de 400.000 BTC. No entanto, mais tarde, sua coleção foi reduzida no processo de divulgar as criptomoedas entre o público e apoiar financeiramente o lançamento de diferentes *startups* de Bitcoin. Ele até se tornou um dos primeiros investidores da empresa BitInstant, fundada por Charlie Shrem. O ano de 2013 viu o preço do Bitcoin subir pela primeira vez, chegando a US$ 1.000. "Isso é enorme", pensou Roger enquanto assistia ao noticiário. Sua mente se voltou para os 5 BTCs que ele havia ganhado no site "Bitcoin Faucet".

No entanto, o aumento de preço não passou no teste do tempo e caiu rapidamente. Roger lembrou o que o CEO da Euro

Pacific Capital, Peter Schiff, havia dito sobre o aumento extraordinário no valor do BTC. Ele disse: "Uma bolha é uma bolha. E há uma bolha no Bitcoin". As pessoas que investiram no Bitcoin, vendo o enorme aumento de preço e prevendo que a tendência de crescimento continuaria, perderam uma quantia considerável de seus investimentos. Não apenas os primeiros usuários perderam uma quantia substancial de dinheiro, mas a opinião pública sobre a moeda digital e os Bitcoins também testemunhou algumas tendências negativas. No entanto, o aumento repentino do preço e depois a queda do preço provaram ser um marco significativo na jornada de crescimento do Bitcoin. Foi nessa época que Roger viu muitas pessoas conversando e aprendendo sobre criptomoedas. Alguns estavam até comprando bitcoins depois de ouvir falar dela pela primeira vez. No entanto, Roger percebeu que essa rápida valorização do preço não era a primeira vez na história do preço do Bitcoin. Analisando o desenvolvimento do Bitcoin, ele percebeu que a moeda também havia passado por "períodos de bolha" anteriormente, quando o preço do Bitcoin subia e depois caía drasticamente.

A primeira foi em fevereiro de 2011, quando o BTC equivalia a US$ 1,06. A época foi posteriormente chamada de "Grande Slashdotting" ou "Dia da Paridade com o Dólar". Tudo aconteceu quando o Bitcoin foi mencionado na plataforma agregadora de notícias Slashdot e despertou o interesse de especialistas em tecnologia e entusiastas proeminentes, como McCaleb e Jeff Garzik. O aumento do interesse fez com que o valor do Bitcoin subisse muito, chegando a um dólar pela primeira vez. No entanto, o aumento acentuado foi logo seguido por um súbito declínio no valor em 5 de abril de 2011, quando um BTC foi avaliado em US$ 0,67. Mais tarde no mesmo ano, em junho, o Bitcoin testemunhou uma bolha selvagem quando foi publicado um artigo sobre o potencial das criptomoedas para comprar drogas e itens ilegais em sites da "dark web", como o Silk Road.

As revelações e alegações feitas no artigo, combinadas com as bolsas de Bitcoin que facilitavam a compra de tokens, levaram a um aumento maciço no valor do Bitcoin de US$ 10 para US$ 30. Assim como na vez anterior, os meses seguintes trouxeram um declínio no valor que se estabeleceu em US$ 2,14. A terceira bolha foi a do milionário, quando o BTC de 2013 atingiu US$ 1.000. Embora os preços tenham caído posteriormente, eles ainda mantiveram o aumento de preços por um pouco mais de tempo, estabelecendo-se finalmente em US$ 172,15 em janeiro de 2015.

"Foi de fato uma viagem turbulenta, mas os resultados são inevitáveis. Toda vez que a bolha estourou, o preço do Bitcoin se estabeleceu em um ponto mais alto do que a baixa anterior", exclamou Roger ao relembrar os altos e baixos da jornada do Bitcoin para ganhar valor.

Considerando as deficiências de privacidade percebidas no Bitcoin, o Monero (XMR) foi introduzido em 2014 como uma criptomoedas que enfatiza fortemente a privacidade e o anonimato. O principal objetivo do Monero é oferecer aos usuários maior fungibilidade, privacidade e segurança em suas transações financeiras. A moeda usa uma tecnologia chamada assinaturas em anel para ofuscar a origem das transações. Em uma transação típica de criptomoedas, a identidade do remetente está vinculada à transação. Com as assinaturas em anel, múltiplas chaves públicas, inclusive a do remetente, são usadas para criar um anel de possíveis signatários, dificultando a determinação de qual chave específica iniciou a transação. Desde o surgimento do Monero em 2014, ele se tornou uma escolha popular entre os usuários da *dark web* devido ao seu recurso infalível de proteção da privacidade.

Outro desenvolvimento que fortaleceu a crença de Roger no Bitcoin foi quando, em 2013, o Reddit começou a aceitar pagamentos em Bitcoin para uma associação específica.

Um grande desenvolvimento no mesmo ano foi quando um tribunal dos EUA declarou que o Bitcoin era uma forma de moeda ou dinheiro.[29] Roger considerou esse julgamento histórico para definir o valor do Bitcoin e preparar o caminho para seu crescimento futuro. No mesmo ano, o primeiro caixa eletrônico de Bitcoin foi instalado em uma cafeteria em Vancouver.[30] Roger sabia que os horizontes para o crescimento dessa moeda transformadora eram ilimitados e que ele não deveria se abster de desempenhar seu papel no crescimento e desenvolvimento do Bitcoin.

Ele entendeu que o impacto do aumento do valor do Bitcoin sobre os primeiros investidores foi profundo, marcando um ponto de virada significativo em seus portfólios financeiros.

Os primeiros usuários, incluindo visionários como Roger e Charlie Shrem, testemunharam grandes retornos sobre seus investimentos à medida que o valor do Bitcoin aumentava. Quando o preço era mínimo, aqueles que reconheceram seu potencial nos estágios iniciais experimentaram um crescimento exponencial em seu valor. A natureza descentralizada do Bitcoin permitiu que os primeiros investidores se beneficiassem de sua escassez, pois o fornecimento fixo de 21 milhões de moedas contribuiu para o aumento da demanda. À medida que mais indivíduos e investidores institucionais reconheceram o potencial transformador das criptomoedas, o mercado testemunhou um aumento na demanda, o que levou a um aumento substancial no preço do Bitcoin.

O impacto sobre os primeiros investidores foi além dos ganhos financeiros. Eles desempenharam um papel crucial na formação da narrativa em torno do Bitcoin, defendendo sua adoção e dissipando o ceticismo. À medida que o Bitcoin ganhou atenção e aceitação do público em geral, os primeiros investidores estavam na vanguarda de uma revolução financeira.

Contemplando os fatores que levaram ao crescimento do Bitcoin, Roger concluiu que a crescente aceitação e adoção do Bitcoin como uma forma de investimento e meio de pagamento desempenhou um papel crucial. Com mais empresas e indivíduos aceitando o Bitcoin, seu valor e uso aumentaram no cotidiano.

Além disso, como o Bitcoin tem um limite de oferta de 21 milhões de moedas, essa escassez e o aumento da demanda tendem a elevar o preço. O envolvimento de investidores institucionais e grandes corporações no espaço das criptomoedas proporcionou validação e legitimidade ao Bitcoin. Por fim, ele acredita que a crescente conscientização e compreensão do público sobre o Bitcoin contribuiu para aumentar sua confiança e adoção. À medida que mais pessoas se familiarizavam com a tecnologia e seu potencial, aumentava a demanda pelo Bitcoin como moeda e reserva de valor descentralizada. Considerando o imenso potencial e o crescimento do Bitcoin, Roger estava pronto para mergulhar na mineração de Bitcoin e descobrir seu verdadeiro potencial.

Capítulo 3: O Desenvolvimento das Criptomoedas

Em meio às flutuações de valor e outros eventos no ecossistema de criptomoedas, o que nunca mudou foi o desenvolvimento das criptomoedas. Ao mergulhar no mundo da mineração de Bitcoin, Roger percebeu que algumas outras criptomoedas haviam se tornado parte do ecossistema de cripto e eram conhecidas como *altcoins*. À medida que o Bitcoin ganhou impulso e chamou a atenção do mundo com sua revolucionária tecnologia de blockchain, ele abriu caminho para o surgimento de um ecossistema diversificado de criptomoedas. Esses ativos digitais, conhecidos coletivamente como *altcoins*, começaram a se proliferar, cada um oferecendo seus recursos, casos de uso e inovações exclusivos.

Ao se informar sobre o termo, Roger descobriu que *"toda criptomoeda que não seja o Bitcoin original é considerada uma alternativa a ele, portanto, uma moeda alternativa ou 'altcoin'".* [31]

"Ah, então uma *altcoin* é qualquer criptomoeda que não seja o Bitcoin", exclamou Roger. A introdução de criptomoedas alternativas pressagiava que as pessoas haviam começado a confiar na ideia das criptomoedas, como Roger havia previsto. Sua confiança no potencial das criptomoedas se fortaleceu ainda mais.

O ano de 2011, quando o valor do Bitcoin experimentou sua primeira bolha, aumentou significativamente sua popularidade e atraiu as pessoas para a ideia dos bitcoins. Esse foi o mesmo ano em que surgiram diversas criptomoedas rivais. A popular plataforma Bitcointalk.org tornou-se uma das plataformas de referência de Roger para se manter atualizado sobre os últimos desenvolvimentos no ecossistema. Em 9 de outubro de 2011, uma manchete chamativa chamou a atenção de Roger quando ele viu uma publicação com o título *"Litecoin—a lite version of Bitcoin. Launched!"* [32] ["Litecoin — uma versão leve do Bitcoin. Lançada!", em tradução livre].

"Parece interessante", Roger exclamou ao começar a ler a publicação, com as pupilas dilatadas à medida que seu cérebro registrava as informações que ele havia lido na publicação. Ela mencionava: *"A Litecoin é o resultado de alguns de nós que se uniram no IRC para criar uma moeda alternativa real semelhante ao Bitcoin. Queríamos criar uma moeda que fosse prata em comparação com o ouro do Bitcoin."*

A publicação também destacava algumas das outras moedas alternativas que foram lançadas, juntamente com suas desvantagens, e depois explicava como a Litecoin poderia resolver os problemas das outras moedas. A moeda foi baseada no código mais recente do Bitcoin, e o autor mencionou: *"Elaboramos um plano que acreditamos ser o mais justo. Algumas moedas anteriores foram lançadas sem os binários do Windows ou sem o código-fonte; consideramos isso tão injusto quanto inseguro. Lançamos o código-fonte e os binários com antecedência... três dias antes do lançamento."*

Após a realização de uma pesquisa sobre o momento do lançamento, a Litecoin foi lançada em 12 de outubro de 2011 e ganhou grande força. O ex-engenheiro do Google, Charlie Lee, criou a moeda, e especulações sugeriram que a moeda tinha como objetivo melhorar as deficiências do Bitcoin, oferecendo tempos de transação mais rápidos e um algoritmo de *hashing* diferente. Roger começou a minerar Litecoins para verificar a autenticidade das afirmações feitas na discussão do Bitcointalk.org. Depois de acompanhar a Litecoin, ele percebeu que, conforme prometido, a Litecoin reduziu significativamente o tempo de construção de blocos de 10 para 2,5 minutos. Ela tinha um limite de cunhagem de 84 milhões de moedas em comparação com o limite de 21 milhões do Bitcoin, e o *halving* ocorria a cada 840.000 blocos.[33] Entretanto, a alegação de que

"Queríamos que a melhor inovação do Bitcoin e dessas outras moedas criasse uma moeda com todos os seus benefícios, mas quase nenhum de seus problemas" não era totalmente válida. A Litecoin teve alguns desafios que interromperam sua eficiência e bloquearam seu caminho para se tornar a melhor alternativa ao Bitcoin. A redução do tempo levou a uma série de desafios e problemas de eficiência. Um deles foi um aumento no número de blocos órfãos (qualquer bloco que não esteja na cadeia principal após um conflito temporário no registro).[34]

Os blocos órfãos são os blocos legítimos cujos blocos pai são inexistentes ou desconhecidos. Embora o bloco seja válido e resolvido dentro da rede blockchain, ele não é aceito pela rede porque outro bloco válido está sendo adicionado à rede ao mesmo tempo. No mesmo ano, algumas outras *altcoins*, como Namecoin e Swiftcoin, também foram introduzidas. Assim como a Litecoin, outras *altcoins* ofereceram melhorias incrementais ao protocolo original do Bitcoin. No ano seguinte, em novembro de 2012, ocorreu a primeira redução pela metade do Bitcoin, marcando um evento significativo na história do Bitcoin. Embora inicialmente não tenha tido impacto significativo sobre o valor do Bitcoin, os impactos se tornaram visíveis gradualmente à medida que o valor do Bitcoin aumentou de forma constante no ano seguinte. Em 2014, outra *altcoin* notável, a Monero (XMR), foi lançada e abordou especificamente os problemas de privacidade do Bitcoin. Assim como a Litecoin, a Monero também foi apresentada na plataforma Bitcointalk com uma postagem que dizia: *"Lançada a Bitmonero, uma nova moeda baseada na tecnologia CryptoNote".* [35] Lançada como uma criptomoedas voltada para a privacidade, o Monero ofereceu recursos de anonimato aprimorados em comparação com o Bitcoin. Sua implementação de assinaturas em anel e endereços furtivos visava proporcionar aos usuários maior privacidade e fungibilidade, abordando preocupações sobre a rastreabilidade das transações na *blockchain* do Bitcoin. Naquela época, Brain Armstrong e Fred Ehrsam haviam lançado a Coinbase, a bolsa de criptomoedas mais reconhecida do mundo.

Um ano depois, o projeto Ethereum foi lançado após a queda da Mt. Gox em 2015. A essa altura, Roger já havia se tornado bastante hábil em compreender as funções das criptomoedas. Outro desenvolvimento notável foi o lançamento da Ethereum em 2015.[36] O programador russo-canadense Vitalik Buterin o criou em 2013. No entanto, ele só lançou a blockchain Ethereum em 2015. A Ethereum levou o conceito da tecnologia blockchain um passo adiante, permitindo o desenvolvimento de aplicativos descentralizados (DApps) e contratos inteligentes. Sua blockchain flexível e programável provocou uma onda de inovação, criando uma ampla gama de *tokens* e projetos construídos em sua plataforma.

Roger considerava o lançamento do Ethereum como a primeira implementação realmente válida das ideias que estavam por trás do Bitcoin.

"Esse lançamento parece trazer um avanço no mundo das criptomoedas", pensou Roger ao descobrir os contratos inteligentes, uma tecnologia que permite que a blockchain hospede aplicativos de *software* nela e, ao mesmo tempo, facilite as transações de criptomoeda. Os validadores que adicionavam blocos à blockchain em um sistema de prova de participação usando o protocolo/blockchain Ethereum recebiam Ether (ETH), a criptomoedas. Roger via pessoas usando os termos Ether e Ethereum de forma intercambiável no mundo das criptomoedas; no entanto, ele sabia a diferença entre os dois.

Ao examinar diferentes *altcoins*, Roger descobriu que os principais benefícios que elas ofereciam em relação ao Bitcoin eram maior velocidade, maior anonimato e acesso mais fácil. A proliferação das *altcoins* deu origem a diferentes padrões e categorias de *tokens*. Roger descobriu que as *altcoins* que estavam sendo introduzidas variavam muito em sua natureza e funcionalidade. As mais populares incluíam *tokens* de utilidade, *stablecoins* e *tokens* de segurança.

Os *tokens* de utilidade são ativos digitais que fornecem acesso a um produto ou serviço em um ecossistema específico de blockchain. "Vamos nos aprofundar mais", disse Roger, em busca de uma definição mais abrangente e significativa. Ele descobriu que eles *"referem-se a* tokens *baseados em blockchain que têm um uso específico e oferecem utilidade. Eles são criados em uma blockchain e são nativos da plataforma em que foram criados."*[37] Eles geralmente são emitidos durante as ofertas iniciais de moedas (ICOs) ou eventos de geração de *tokens* (TGEs) e representam uma forma de propriedade de ativos digitais. Os *tokens* de utilidade podem conceder aos titulares direitos ou privilégios em um aplicativo descentralizado (DApp) ou plataforma, como direitos de voto, acesso a recursos premium ou descontos em serviços. "Ah, então o Ether (ETH) da Ethereum é um *token* de utilidade, que alimenta transações na rede Ethereum e é usado para pagar taxas de gás na execução de contratos inteligentes", os olhos de Roger brilharam quando ele entendeu o conceito de *tokens* de utilidade. Em seguida, ele explorou os outros tipos de *altcoins*.

Stablecoins, como o nome indica, é uma *altcoin* que se destina a oferecer estabilidade de preço em comparação com o Bitcoin. Para entender melhor, Roger procurou outras fontes. Ele descobriu que *"Uma stablecoin é uma criptomoedas que visa manter a estabilidade de preços atrelando seu valor monetário a uma determinada moeda fiduciária, normalmente em uma base de um para um"*.[38] Como o valor de um ativo estável é respaldado por seu valor de mercado, ele facilita a estabilidade de preços, algo que não existe nos bitcoins. Diferentemente de outras criptomoedas, as *stablecoins* visam mitigar a volatilidade dos ativos digitais, tornando-as adequadas para transações cotidianas, remessas e estratégias de hedge.

Roger também descobriu que as *stablecoins* podem ser atreladas a moedas fiduciárias, como o dólar americano (USD), *commodities*, como o ouro, ou outras criptomoedas. Elas fornecem estabilidade e liquidez aos mercados de criptomoedas e fazem a ponte entre as finanças tradicionais e a economia descentralizada. Em sua busca pelas melhores *stablecoins*, os nomes Tether (USDT), USD Coin (USDC) e Dai (DAI) encabeçavam as listas.

Por fim, ele explorou os *tokens* de segurança, entendendo que *"um token de segurança é um token criptográfico vinculado a uma oferta de títulos"*.[39] Os *tokens* de segurança representam a propriedade de um ativo subjacente, semelhante aos títulos tradicionais, como ações, títulos ou imóveis. Diferentemente dos *tokens* de utilidade, os *tokens* de segurança estão sujeitos à supervisão regulatória, pois normalmente derivam seu valor de ativos externos e negociáveis. Esses *tokens* geralmente são emitidos por meio de ofertas de *tokens* de segurança ("STOs", da sigla em inglês) e oferecem aos investidores a possibilidade de retornos financeiros com base no desempenho do ativo subjacente.

"Portanto, os *tokens* de segurança são uma espécie de patrimônio compartilhado pelas empresas de blockchain", Roger resumiu as informações para uma compreensão rápida e melhor. Com o tempo, outros tipos de *altcoins*, como *meme coins*, *tokens* de governança e tokens *play-to-earn* [*"tokens* de jogar para ganhar", em tradução livre], surgiram e ganharam atenção.

As *meme coins*, especialmente a Dogecoin, o principal símbolo das *meme coins*, tornaram-se significativamente populares. O que mais surpreendeu Roger em relação à sua popularidade foi o fato de essas moedas terem sido criadas inicialmente como uma piada. A Dogecoin, *"o movimento de cripto acidental que faz as pessoas sorrirem"*,[40] foi criada pelo engenheiro de *software* da IBM Billy Marcus e pelo engenheiro de *software* da Adobe Jackson Palmer e lançada em dezembro de 2013. Embora as *meme coins* tenham ganhado a atenção do público, seu baixo preço por unidade, devido à alta oferta, limitava sua adoção entre os investidores.

Com o passar do tempo, o interesse de Roger pelo mundo das criptomoedas foi aumentando à medida que ele começou a minerar diferentes moedas, inclusive o Bitcoin. Ele se lembrou de 31 de julho de 2013, quando estava navegando pelo fórum Bitcointalk e se deparou com a postagem de um cara chamado J.R. Willett. Ela dizia: *"Estou muito animado em anunciar que agora tenho uma especificação completa para a criação de uma camada de protocolo sobre o Bitcoin (como o HTTP é executado sobre o TCP/IP)."*[41]

O autor chamou a nova camada de protocolo de "MasterCoin" e afirmou ter inventado e publicado esse nome antes da introdução da *altcoin* de mesmo nome. A postagem também revelou que *as moedas da nova camada têm*:

- *Recursos de segurança adicionais para tornar seu dinheiro muito mais difícil de ser roubado.*

- *Suporte integrado para uma bolsa de moedas distribuída.*

- *Suporte integrado para apostas distribuídas (sem a necessidade de confiar em um site para coordenar as apostas)*

- *O suporte integrado para "propriedade inteligente" pode ser usado para criar e transferir propriedades, como títulos, escrituras ou ações de uma empresa.*

- *Capacidade de manter um valor estável definido pelo usuário, como uma grama de ouro ou um dólar americano, sem a necessidade de confiar em uma pessoa que prometa garantir esse valor.*

A postagem também dizia que as *"MasterCoins têm a intenção de ser uma oportunidade de investimento semelhante à compra de bitcoins quando foram lançados"*.

"Então, isso é uma espécie de proposta de arrecadação de fundos, e o cara deve estar pretendendo financiar sua ideia", deduziu Roger depois de ler o tópico completo. Sua análise foi precisa, pois Willet começou a pedir algumas doações em BTC. Para manter os investidores motivados, ele revelou: "Depois de possuir MasterCoins, você tem os blocos de construção para criar GoldCoin, USDCoin, EuroCoin e qualquer outro ativo do mundo real que possa imaginar."[42] Roger leu o documento e analisou os riscos de investir na MasterCoin, conforme explicado por Willett. Um deles dizia: *"As MasterCoins são uma moeda experimental, construída com base em outra moeda experimental (bitcoin). Os riscos e as possíveis recompensas são extremos"*. Roger continuou acompanhando o tópico para monitorar o progresso e descobriu que a proposta recebeu uma grande resposta das pessoas em agosto; aproximadamente 4.740 BTC (US$ 500 mil na época) foram arrecadados. A arrecadação de fundos ficou conhecida como a primeira oferta inicial de moedas ("ICO", da sigla em inglês), em que os BTCs foram enviados para o *Exodus Address*", o que levou à criação da MasterCoins. O *"Exodus Address"* era semelhante à *blockchain* do Bitcoin, o Bloco Gênesis, que levou à criação do Bitcoin.

Ao pesquisar sobre ICOs, Roger descobriu que *"em uma ICO, uma* startup *cria e distribui seus 'tokens digitais' normalmente em troca de Bitcoin, Ethereum ou moedas fiduciárias (por exemplo, dólares americanos) para levantar capital para financiar suas operações"*.[43]

As ICOs (Ofertas Iniciais de Moedas) foram lançadas como um meio de *crowdfunding*. Semelhante a uma IPO (Oferta Pública Inicial), em que uma empresa lista suas ações para o público em geral comprar para coletar fundos, as ICOs também eram uma forma de captação de recursos.

Nessas ofertas, as criptomoedas foram oferecidas na forma de *tokens* aos investidores em troca de seus bitcoins. Os investidores podem reter os *tokens*, esperando que o projeto seja bem-sucedido e que o valor dos *tokens* aumente e gere retornos compensadores para os investidores. Diferentemente das IPOs, em que os investidores obtêm *tokens* de segurança para receber direitos de dividendos, as ICOs oferecem *tokens* de utilidade em que os investidores têm o direito de usar os produtos. *"Os* tokens *de utilidade são* tokens *que se destinam a fornecer acesso digital a um aplicativo ou serviço."*[44]

Depois de estudar diferentes ICOs e suas operações, Roger entendeu que o objetivo principal das ICOs era arrecadar fundos para o desenvolvimento e a implementação de projetos baseados em blockchain. Os projetos incluíam aplicativos descentralizados (DApps), plataformas, protocolos e ativos digitais. Esses projetos visavam abordar diferentes desafios do setor, inovar os processos existentes e criar novas soluções descentralizadas em diferentes setores da indústria.

Com o tempo, ele observou que os *tokens* de ICOs serviam a múltiplos propósitos dentro do ecossistema do projeto. Além da função principal de captação de recursos, os *tokens* de ICOs fornecem aos detentores acesso a produtos, serviços ou funcionalidades específicos. Eles também ofereceram aos investidores a oportunidade de investir em projetos de blockchain em estágio inicial e se beneficiar do sucesso previsto do projeto. Embora o sucesso dos projetos não fosse garantido, os investidores podiam participar das ICOs com a expectativa de valorização e possíveis ROIs.

As pessoas acreditavam que os anos após 2015 trouxeram uma enxurrada de ICOs. No entanto, Roger achava que o conceito de ICOs havia surgido bem antes. Ele se lembrou de suas memórias de 2013, quando ouviu falar da MasterCoin e de alguns outros projetos semelhantes que faziam exatamente o que as ICOs se referiam. Roger achava que o desenvolvimento do mercado de criptomoedas havia sido muito influenciado pelas ICOs, que proporcionam às *startups* e aos empreendimentos baseados em blockchain uma nova maneira de arrecadar dinheiro. As ICOs surgiram como um método popular para empreendedores e desenvolvedores levantarem capital emitindo *tokens* digitais para investidores em troca de contribuições em criptomoedas, geralmente Bitcoin (BTC) ou Ethereum (ETH). Os *tokens* emitidos durante as ICOs representam uma forma de propriedade de ativos digitais e geralmente concedem aos detentores acesso aos produtos, serviços ou ecossistema de um projeto.

Em sua opinião, as ICOs democratizaram o acesso ao capital, permitindo que projetos inovadores e *startups* levantassem fundos diretamente de um grupo global de investidores sem depender de intermediários financeiros tradicionais, como bancos ou capitalistas de risco. O modelo descentralizado de captação de recursos capacitou os empreendedores a perseguir suas ideias e iniciativas, promovendo a criatividade, a inovação e a concorrência no espaço da blockchain. Eles também facilitaram o lançamento de uma gama diversificada de projetos, incluindo aplicativos descentralizados (DApps), plataformas blockchain, moedas digitais e *tokens* de utilidade para diferentes setores.

Os desenvolvimentos no ecossistema de criptomoedas provaram que as ICOs abriram o caminho para a tokenização de ativos do mundo real. Esse desenvolvimento permitiu a representação de ativos físicos ou digitais como *tokens* baseados em blockchain. Como resultado, os investidores puderam ter propriedade fracionária com maior capacidade de transferência e liquidez de ativos tradicionalmente não líquidos.

Como as ICOs permitiram que as empresas "tokenizassem" ativos como imóveis ou ações de empresas, elas ofereceram aos investidores novas oportunidades de investimento e classes de ativos que antes não estavam disponíveis nos mercados tradicionais.

A enxurrada de ICOs incluiu diferentes ofertas legítimas; no entanto, elas não estavam completamente protegidas dos esquemas de "fique rico rápido", e algumas outras eram apenas ofertas fraudulentas. O surgimento de criptomoedas e ofertas iniciais de moedas (ICOs) deu origem a debates sobre as leis que regem essas entidades. As ICOs ganharam popularidade como um meio de coletar dinheiro para projetos por meio da venda de *tokens* a investidores. Entretanto, a integridade do mercado e a proteção dos investidores foram questionadas devido à ausência de supervisão governamental e ao aumento dos esquemas de fraude.

Um dos golpes que ganhou mais força entre outros foi o esquema de *pump and dump* ["bombear e despejar", em tradução livre]. O esquema foi criado com base nos princípios de oferta e demanda, em que as pessoas começavam a inflar intencionalmente as criptomoedas no mercado, comprando grandes quantidades no início do lançamento ou da criação. Os autores das moedas ou dos contratos faziam então compras em massa, o que rapidamente elevava o preço e aumentava a especulação e o medo de ficar de fora (FOMO) entre os compradores de varejo. Quando o valor da moeda chegava ao máximo, o criador do contrato removia a liquidez ou vendia/despejava a moeda pelo preço mais alto, o que beneficiava apenas o criador do contrato ou as primeiras "baleias" da moeda.

A pesquisa aprofundada sobre os esquemas de *pump and dump* (P&D) revelou que *"P&D é uma forma de manipulação de preços que envolve inflar artificialmente o preço de um ativo antes de vender o ativo comprado a preço baixo por um preço mais alto. Quando os ativos são vendidos, o preço cai e os investidores perdem dinheiro"*.[45]

Roger investiu uma quantidade significativa de seu tempo e esforços no estudo de esquemas de P&D e descobriu algumas maneiras de identificar esses esquemas para evitar ser vítima deles. Ele percebeu que, para identificar esses esquemas, precisava estar ciente das tendências incomuns do mercado, como um aumento repentino na compra de uma determinada criptomoeda sem nenhum fator razoável que justificasse o aumento da demanda. Além disso, evitar deixar que as emoções assumam o controle ao tomar a decisão de investimento foi crucial para evitar a compra de *tokens* com antecedentes suscetíveis ou código ruim/explorável. No entanto, investir em criptomoedas com uma estrutura confiável e com o apoio de personalidades confiáveis também pode ser uma forma de evitar fraudes. Roger decidiu incorporar essas dicas para reduzir o risco de ser enganado, pois ele não era do tipo que abandonaria uma moeda viável e promissora por causa de meros riscos e controvérsias.

Além do esquema de *pump-and-dump*, outras controvérsias e questões regulatórias também cercaram as ICOs, e os órgãos reguladores de todo o mundo começaram a examinar esses eventos de captação de recursos para tratar dos possíveis riscos. Uma das principais preocupações com relação às ICOs que Roger identificou foi a falta de mecanismos de proteção ao investidor em comparação com os veículos de investimento tradicionais.

Como a operação das ICOs era diferente das ofertas tradicionais de títulos, elas deixavam os investidores vulneráveis a esquemas fraudulentos, golpes e manipulação de mercado. Além disso, as táticas de manipulação do mercado, como o uso de informações privilegiadas e a manipulação de preços, também representavam riscos sistemáticos para o ecossistema e minavam a confiança dos investidores. Inicialmente, o cenário das ICOs não era regulamentado, criando incerteza para os usuários. Em 2017, um ano após o segundo *halving* do Bitcoin, Roger se viu cercado por uma infinidade de criptomoedas, competindo com as moedas existentes e com o objetivo de se tornar a melhor alternativa ao Bitcoin.

O Ether, a criptomoeda de alta liquidez da blockchain 2.0 da Ethereum, ganhou a maior atenção. Embora o suprimento de moedas Ether não fosse limitado, seu fundador, Vialik Buterin, revelou que o suprimento de moedas não alcançaria mais de 100.000.000 ETH em um futuro próximo.[46]

"Você realmente acha que o Ether pode roubar o lugar do Bitcoin este ano?" Roger perguntou a um de seus amigos, que também era um entusiasta de criptomoedas como Roger.

"Você se lembra de quando a Ethereum levantou dinheiro com a ICO em 2014?", perguntou seu amigo.

"Claro, como posso esquecer que ela arrecadou cerca de 31.000 BTC em poucas horas naquela época", respondeu Roger.

"O número de BTCs arrecadados por meio dessa ICO demonstra a confiança das pessoas nessa moeda", disse o amigo de Roger.

"Concordo."

"Agora, a plataforma permite que as pessoas negociem criptomoedas de forma semelhante às ações públicas. Isso não é um avanço?", perguntou seu amigo, e Roger não poderia concordar mais.

No entanto, durante o tempo que se seguiu, ele viu os governos levantarem preocupações sobre a legitimidade e a regulamentação da blockchain Ethereum, levando a China a bani-la completamente, enquanto a SEC voltava os olhos vigilantes para a Ethereum para rastrear atividades que poderiam ter passado despercebidas pelas frestas da segurança. "Essa saga do Bitcoin parece não parar sem revolucionar os sistemas financeiros existentes, e o mundo não está pronto para experimentar a progressão inovadora que o aguarda", murmurou Roger enquanto olhava pela janela e seu computador brilhava com as palavras *"US\$ 257 milhões: Filecoin bate o recorde histórico de captação em ICO"*.[47] Em seguida, ele entrou em detalhes sobre as notícias que tomaram o mundo das criptomoedas de assalto. A Protocol Labs arrecadou impressionantes US\$ 245 milhões em uma hora para o Filecoin, que se tornou a oferta de moeda digital mais popular na época.[48]

Olhando para o futuro, Roger sabia que o futuro das criptomoedas prometia inovação e disrupção contínuas, com desenvolvedores e empreendedores explorando novos aplicativos e casos de uso.

Como Roger havia previsto, o ano de 2017 marcou um boom do Bitcoin e das criptomoedas. Com a Ethereum facilitando o surgimento de finanças descentralizadas (DeFi) e *tokens* não fungíveis (NFTs) para moedas digitais de bancos centrais (CBDCs) e pagamentos internacionais, as criptomoedas começaram a remodelar a economia global.

O ano seguiu com um aumento no preço do Bitcoin, chegando a US\$ 10.000 pela primeira vez na história. A tendência de alta não parou até que o preço do Bitcoin atingiu brevemente US\$ 20.000 e, em seguida, sofreu o inverno cripto — *"épocas em que as criptomoedas e os* tokens *sofrem um enorme e generalizado golpe de valor"*.[49]

Roger achava que havia ainda mais por vir. Ele previu que as principais organizações financeiras e bancos logo apoiariam o Bitcoin como resultado de sua observação do crescimento das criptomoedas. Roger previu que, em um futuro próximo, as criptomoedas se tornariam mais amplamente usadas e desenvolvidas.

Capítulo 4: O Impacto das Criptomoedas nos Bancos Tradicionais

No caminho de volta do banco para casa, Roger ponderou sobre uma comparação entre os bancos tradicionais e as criptomoedas. Desde o surgimento do Bitcoin, Roger vinha considerando a possível fixação das falhas no sistema financeiro existente. Os bancos são um dos elementos mais importantes do sistema financeiro, pois detêm o monopólio e o controle final sobre a oferta monetária que circula no mercado. Embora o resultado desse controle final tenha se mostrado um desastre durante a crise financeira de 2007, Roger ainda não conseguia ver nenhuma mudança ou melhoria visível no sistema para corrigir as principais causas da crise financeira. As criptomoedas e a tecnologia blockchain ofereceram um raio de esperança para a transição da centralização para um sistema descentralizado. Roger acreditava que o surgimento e a adoção generalizada das criptomoedas impactaram o sistema bancário tradicional de diversas maneiras, acabando por interrompê-lo completamente.

Depois de passar um tempo significativo no ecossistema de criptomoedas, Roger sabia que a descentralização e a eliminação de intermediários eram princípios fundamentais das criptomoedas que desafiavam os sistemas financeiros e bancários tradicionais. Ao contrário dos sistemas centralizados tradicionais, em que uma única autoridade controla as transações, as criptomoedas operam em redes descentralizadas, normalmente alimentadas pela tecnologia blockchain. A descentralização distribui o controle em uma rede de nós para que nenhuma entidade única controle a rede, tornando-a resistente à censura e a pontos únicos de falha. *"As criptomoedas permitem transações ponto a ponto (P2P) sem a necessidade de intermediários como bancos ou processadores de pagamento."*[50] Os usuários podem enviar ativos digitais diretamente uns aos outros por meio da rede blockchain, ignorando as instituições financeiras tradicionais. Roger teve a experiência em primeira mão de enviar fundos com um endereço de carteira Bitcoin sem envolver bancos ou processadores de pagamento de terceiros.

A eliminação de intermediários facilita transações mais rápidas, mais eficientes e econômicas na rede de criptomoedas. Além do aumento da velocidade, a eliminação dos intermediários também permitiu que os usuários tivessem maior controle sobre seus fundos para realizar transações com taxas mais baixas e menos atrito. Roger já havia experimentado negociar e trocar por meio de bolsas descentralizadas (DEXs) que permitiam que os usuários negociassem criptomoedas diretamente entre si sem depender de bolsas centralizadas, eliminando os riscos associados à custódia centralizada de fundos. Ele sabia que uma longa lista de razões e benefícios de um sistema de pagamento baseado em criptomoedas provava que ele era melhor do que o sistema bancário tradicional.

Curioso sobre a opinião das pessoas sobre as criptomoedas em contraste com o sistema bancário tradicional, Roger recorreu novamente à popular plataforma "Bitcointalk.org" para obter alguns insights sobre a opinião pública a esse respeito. Ele encontrou alguns comentários interessantes de usuários que apoiam o movimento antecipado de que as criptomoedas consertam, substituem e melhoram o sistema bancário tradicional. Alguém perguntou sobre a diferença entre o sistema bancário cripto e o tradicional e, em resposta, as pessoas destacaram o que pensavam sobre o sistema bancário cripto.

"Não há ninguém para colocar você em uma lista negra."

"Eles não podem lhe dizer com quem você pode fazer transações."

"Eles não podem limitar seu acesso quando a próxima onda de inflação do governo atingir suas economias, e você estiver vendo seu poder de compra derreter como um sorvete em Harare."

"Eles não podem forçá-lo a transacionar, economizar e viver com dinheiro que os poderes de obter falsificam por capricho."

"O Bitcoin não fechará as portas quando os governos mandarem."[51]

Embora, naquela época, não existisse o conceito de banco de criptomoedas, a opinião pública provou que as pessoas estavam pensando nisso e tinham opiniões fortes a favor e contra o sistema de pagamento de criptomoedas. Alguém chegou a dizer: *"Com as criptomoedas, você é um banco para seus fundos".*

No que diz respeito ao sistema bancário tradicional, os usuários o mencionaram como a principal causa de depressão e colapsos, muitas vezes deixando de atender às classes mais baixas na proporção de sua contribuição. Embora a opinião pública em geral parecesse estar um pouco inclinada aos sistemas bancários e de pagamento baseados em criptomoedas, a narrativa das instituições parecia diferente. Roger percebeu um ambiente de resistência e não aceitação das criptomoedas pelos bancos tradicionais. As criptomoedas representavam uma força disruptiva que ameaçava o modelo bancário tradicional ao oferecer um sistema financeiro alternativo fora do controle de bancos e governos. Os bancos pareciam ver as criptomoedas como uma ameaça competitiva ao seu modelo de negócios e tentavam minimizar sua importância.

Além da existência de concorrência direta, Roger também observou outros possíveis motivos para a aversão às criptomoedas. A natureza descentralizada e não regulamentada das criptomoedas as tornou mais uma ameaça para as instituições bancárias, que as consideravam um meio atraente para transformar dinheiro preto em branco e realizar atividades ilegítimas. Além disso, a remoção de intermediários tornou-as propensas a desmantelar o sistema financeiro e minar o ciclo de confiança.

Embora Roger considerasse as criptomoedas como uma fonte de ruptura e revolução do sistema bancário existente, ele ainda não podia ignorar as falhas no sistema que minavam o potencial das criptomoedas. Durante seus primeiros anos, as criptomoedas enfrentaram desafios significativos ao interagir com o sistema bancário tradicional. Esses desafios eram decorrentes da natureza disruptiva das criptomoedas, que representavam uma ameaça ao setor bancário estabelecido.

No início, os bancos tradicionais tiveram dificuldades para entender o conceito e a tecnologia por trás das criptomoedas. Muitos banqueiros viam as criptomoedas como uma moda passageira ou um investimento especulativo, em vez de uma forma legítima de moeda ou ativo. No entanto, com o passar do tempo, a persistência e o crescimento das criptomoedas provaram que suas dúvidas estavam erradas. Ainda assim, a relutância das instituições bancárias em adotar as criptomoedas persistiu. A extrema volatilidade dos preços das criptomoedas, especialmente durante os primeiros anos, fez com que os bancos tradicionais desconfiassem de fornecer serviços bancários para bolsas e negócios de criptomoedas.

A natureza especulativa das criptomoedas levantou preocupações sobre a estabilidade financeira e o potencial de perdas. Os bancos tradicionais também estavam preocupados com os riscos de segurança associados ao armazenamento e às transações com criptomoedas. Incidentes de *hacking* de alto nível e roubos de bolsas de criptomoedas destacaram as vulnerabilidades dos ativos digitais e levantaram dúvidas sobre sua confiabilidade como reserva de valor.

Roger percebeu que a falta de atenção das autoridades reguladoras de todo o mundo em relação ao desenvolvimento de diretrizes e regulamentações claras para as criptomoedas também era uma barreira para interromper sua adoção. A incerteza predominante fez com que os bancos tradicionais hesitassem em se engajar em negócios e clientes relacionados a criptomoedas devido a preocupações com conformidade e riscos legais.

Em maio de 2019, os canais de notícias destacaram que os misturadores ou *tumblers* de criptomoedas estavam sendo rastreados e eliminados pelos governos. Após investigação, ele descobriu que, no mundo das criptomoedas, um *"tumbler"* se refere a um *"serviço de mistura que torna as transações de criptomoedas mais anônimas, dividindo-as em partes menores e misturando-as com outras"*.[52]

"Como funciona um *tumbler* de criptomoedas?" Roger perguntou a um de seus amigos que trabalhava em uma agência de notícias e estava cobrindo as notícias sobre os *tumbler*s de criptomoedas.

"Como um misturador", respondeu ele.

"O que isso significa?" Roger perguntou, ainda intrigado com a analogia.

"Bem, entenda isso como uma reserva de dinheiro onde você e outros usuários depositam suas criptomoedas. O serviço processará e misturará seus fundos e, em seguida, devolverá a mesma quantia de suas criptomoedas após deduzir a taxa de serviço", explicou ele quando Roger o interrompeu.

"Que diferença faz se estou recebendo a mesma coisa de volta?", ele perguntou.

"Bem, aqui está a pegadinha. Os fundos que você receber terão sido originados de muitas transações menores depositadas por outros usuários no sistema, em uma tentativa de ocultar as origens do endereço da carteira do fundo original."

"Ah, agora entendi."

"Assim, você obtém maior anonimato, pois há uma barreira entre os endereços que enviam e recebem os fundos", concluiu seu amigo, fazendo-o entender o conceito de misturadores de criptomoedas.

Anteriormente, Roger costumava pensar por que as pessoas precisavam de anonimato aprimorado quando as criptomoedas forneciam esse recurso. No entanto, após anos de compreensão e uso, ele percebeu que as criptomoedas oferecem pseudônimo em vez de anonimato. Embora elas eliminem a necessidade de um intermediário e permitam que o remetente e o destinatário façam transações entre si sem revelar sua identidade a terceiros, a transação fica visível para outros usuários na blockchain. Isso significa que qualquer pessoa na blockchain, usando uma análise forense cuidadosa da blockchain, poderia rastrear as identidades reais do remetente e do destinatário. Portanto, as pessoas que precisavam de anonimato total sentiram a necessidade de uma solução que as ajudasse a tornar suas transações totalmente não identificadas. A criação de serviços de mistura e *tumblers* foi parte da realização dessa necessidade. Até mesmo as moedas de privacidade usavam protocolos de consenso de alto anonimato ou misturadores para garantir os mais altos níveis de ofuscação dos detalhes da transação. No entanto, os governos consideravam os misturadores de criptomoedas inadequados, temendo seu uso para atividades ilegais, como lavagem de dinheiro. Considerando a ameaça de ação rigorosa das autoridades governamentais, Vitalik Buterin, cofundador da Ethereum, sugeriu a criação de um misturador de Ether baseado em contratos inteligentes na cadeia para aumentar a privacidade dos usuários na plataforma. Roger entendeu a importância do anonimato aprimorado para garantir a confidencialidade dos dados dos usuários. No entanto, ele também sabia que o conceito de ofuscação total não era bem aceito pelos órgãos governamentais devido ao suposto uso desse recurso para atividades ilegais.

A repressão do governo contra os *tumblers* de criptomoedas recebeu uma resposta mista do público. No entanto, os entusiastas de cripto, os primeiros a adotá-las e os investidores consideraram a medida contrária ao crescimento e ao desenvolvimento do setor a longo prazo. O empresário britânico-americano John McAfee compartilhou suas opiniões no Twitter (agora "X"), declarando: *"Os misturadores de Bitcoin agora estão sendo alvo de segmentação. O próprio anonimato está lentamente sendo considerado um crime. A palavra privacidade logo significará intenção criminosa".*[53] O próprio Roger era contra a repressão a esses serviços, tornando-os inacessíveis até mesmo para usuários legítimos, em vez de corrigir os problemas subjacentes.

Houve incidentes de envolvimento e associação de criptomoedas com atividades ilícitas, como lavagem de dinheiro, fraude e financiamento do terrorismo, devido à sua natureza pseudônima e infraestrutura descentralizada. Os bancos foram cautelosos ao facilitar as transações de criptomoedas para evitar a facilitação inadvertida de atividades criminosas.

Os casos de *hacking* de criptomoedas e ataques de *ransomware* levantaram ainda mais questões sobre a eficácia de uma moeda descentralizada e não regulamentada no monitoramento do sistema financeiro. Os casos de ataques de *ransomware* começaram a surgir já em 2013, quando o ataque do *ransomware* CryptoLocker ganhou as manchetes, bloqueando mais de 250.000 computadores em um curto espaço de quatro meses.

Ele exigia que as vítimas pagassem em criptomoedas ou cartões-presente para recuperar o acesso e descriptografar seus discos rígidos ou arquivos. A perda monetária resultante do ataque foi de cerca de US$ 3 milhões e, no ano seguinte, houve um burburinho com a notícia generalizada do CryptoWall, infectando diferentes sistemas de computador e exigindo pagamento para obter acesso a um programa de descriptografia. Roger lembrou que os danos foram múltiplos e superiores aos do ataque do ano anterior, resultando em uma perda de US$ 18 milhões. A tendência continuou no ano seguinte também, com o TeslaCrypt inicialmente segmentando os *gamers* e depois expandindo o escopo de seu ataque. O resgate exigido para fornecer acesso às chaves de descriptografia variava entre US$ 250 e US$ 1.000 em Bitcoin. Roger também lembrou o ataque do Locky em 2016, que ganhou grande força devido ao seu alto número de ataques a redes de computadores.

O maior número de ataques registrado por uma fonte relatou 50.000 ataques em um dia. O vírus bloqueava os arquivos no computador da vítima, exigindo o pagamento de um resgate em troca da ferramenta de descriptografia. O vírus tinha múltiplas variantes, mas as funções centrais de todos os ataques permaneciam as mesmas. Embora a maioria dos ataques tenha sido relatada nos EUA, o Canadá e a França também não foram poupados dos ataques. Os ataques de *ransomware* pareciam inevitáveis e continuaram, apesar dos esforços que estavam sendo feitos para controlá-los.

Em 2017, os usuários de todo o mundo enfrentaram outro contratempo quando a notícia do *"ransomware* WannaCry" ganhou as manchetes. O cripto-*ransomware* criptografa arquivos valiosos em sistemas de computador ou bloqueia o acesso dos usuários a seus computadores para exigir um resgate. Ele se espalhou por computadores que operam com o Microsoft Windows e, segundo informações, afetou cerca de

230.000 computadores em todo o mundo. Durante esse período, o Bitcoin e outras criptomoedas se tornaram ferramentas atraentes para crimes on-line e atividades ilegais. A cada ano que passa, mais nomes continuam aparecendo, incluindo Travelex, CWT, CNA Financial, Brenntag, Colonial Pipeline e outros.

Além desses incidentes, o mundo das criptomoedas também testemunhou alguns dos maiores *hacks*, manchando a credibilidade das moedas digitais e levantando questões sobre proteção e segurança da privacidade. Os renomados ataques de *hackers* à Mt. Gox, em 2011 e 2014, foram os primeiros casos significativos de *hackers* de criptomoedas que surpreenderam os usuários. Roger previu que medidas rigorosas seriam tomadas para evitar tais ataques no futuro. No entanto, a realidade provou o contrário. Quatro anos após o segundo ataque e o fechamento da Mt. Gox em 2014, a bolsa japonesa Coincheck foi alvo de um ataque de *hackers*, perdendo cerca de 523 milhões de moedas NEM. Na época, as moedas estavam avaliadas em US$ 534 milhões, e o presidente da NEM Foundation descreveu o ataque como o roubo mais significativo da história do mundo. Roger acreditava que o ataque foi ainda mais significativo do que o *hacking* da Mt. Gox, obrigando os novos participantes a repensar suas decisões de investir em criptomoedas.

Em 2021, a tentativa bem-sucedida de um *hacker* de invadir a "plataforma Poly Network Defi" abalou o mundo ao roubar cerca de US$ 600 milhões, incluindo US$ 33 milhões do Tether.

No entanto, o que chocou ainda mais as pessoas foi o fato de que, após diversas tentativas e solicitações da plataforma, o *hacker* começou a cooperar com a devolução dos fundos roubados. O *hacker* devolveu US$ 300 milhões somente depois de alguns dias, fazendo com que todos se perguntassem se o *hacker* fez isso por uma mera aventura.

Em 2022, um dos ataques de *hackers* de maior destaque na história das criptomoedas aconteceu quando uma "bolsa Binance, BSC Token Hub", foi *hackeada*, causando uma perda de cerca de US$ 576 milhões. Os *hackers* criaram e retiraram 2 milhões de moedas adicionais da Binance (BNB), causando graves prejuízos à bolsa. À medida que as criptomoedas continuaram a se valorizar, a magnitude dos ataques de *hackers* também continuou a aumentar.

2022 registrou outro e, até o momento, o maior ataque de *hackers* de todos os tempos, quando a rede Ronnin foi atacada. Os *hackers* violaram a rede que suporta a plataforma de jogos de blockchain "Axie Infinity", fugindo com cerca de US$ 625 milhões em ativos digitais, incluindo Ethereum e a *stablecoin* USDC.

Todos esses incidentes e acontecimentos aumentaram os desafios já existentes para que as criptomoedas se tornassem populares como uma alternativa ao sistema bancário tradicional. No entanto, apesar das controvérsias e críticas do setor financeiro convencional, o desenvolvimento da blockchain e sua adoção além das criptomoedas nunca foi interrompido. Conhecido como o histórico de cada "transação confirmada de

Bitcoin",[54] a tecnologia blockchain foi lançada oficialmente em 2009, antes do lançamento de seu primeiro aplicativo, o Bitcoin. O *whitepaper* do Bitcoin delineou um sistema de moeda digital descentralizado que dependia de um livro-razão distribuído para registrar transações de forma segura e transparente. Roger estava de olho nisso e considerava o desenvolvimento da tecnologia blockchain um marco significativo na evolução dos sistemas digitais e das redes descentralizadas. Ele testemunhou a expansão da tecnologia blockchain além de suas origens em criptomoedas para revolucionar diferentes indústrias e setores.

Intrigado com a tecnologia transformadora da blockchain, Roger investiu muito tempo para entender como ela funcionava e quais eram seus benefícios. Ele descobriu que a tecnologia blockchain funciona criando um livro-razão digital descentralizado e distribuído que registra transações em múltiplos computadores em uma rede. O processo começa quando um participante, digamos, o Usuário A, inicia uma transação, como a transferência de ativos digitais de um endereço para outro. Além da transferência de ativos digitais, a execução de um contrato inteligente ou o registro de dados na blockchain também inicia o processo. Cada transação é assinada criptograficamente e contém informações relevantes, como os endereços do remetente e do destinatário, o valor da transação e o registro de data e hora.

Depois de criada, a transação é transmitida para a rede de nós (computadores) que participam da rede blockchain. Esses nós validam a autenticidade e a integridade da transação usando mecanismos de consenso, como prova de trabalho (PoW), prova de participação (PoS) ou outros algoritmos de consenso. As transações validadas são agrupadas em blocos que são criptograficamente vinculados ao bloco anterior, formando uma cadeia de blocos (daí o nome "blockchain"). Cada bloco contém um *hash* criptográfico exclusivo do bloco anterior, criando um registro imutável do histórico de transações. Os mecanismos de consenso garantem o acordo entre os participantes da rede sobre a validade das transações e a ordem em que elas são registradas na blockchain. Por meio do consenso, os nós chegam a um entendimento compartilhado do estado do livro-razão e evitam gastos duplos ou fraudes.

Roger considerou que o maior benefício da tecnologia blockchain é a descentralização. Em vez de depender de uma autoridade central para validar e registrar transações, a blockchain opera em uma rede ponto a ponto em que cada participante (nó) tem uma cópia de todo o livro-razão. A descentralização garante transparência, segurança e resiliência contra pontos únicos de falha ou manipulação.

Outro benefício atraente da tecnologia blockchain é que, quando ocorre uma nova transação, ela é transmitida para a rede e agrupada com outras transações em um bloco. Em seguida, os mineradores ou validadores competem para resolver um complexo quebra-cabeça matemático para adicionar o bloco à blockchain. Uma vez adicionada, a transação se torna irreversível e criptograficamente vinculada a blocos anteriores, formando uma cadeia de blocos. Isso aumenta a transparência em toda a blockchain.

Uma vez registradas na blockchain, as transações são resistentes a violações e não podem ser alteradas ou excluídas sem o consenso da maioria dos participantes da rede. Essa imutabilidade garante a integridade e a confiabilidade dos dados armazenados na blockchain, tornando-a adequada para aplicativos que exigem registros seguros e auditáveis. Roger considerou o desenvolvimento da blockchain como vital para o desenvolvimento de contratos inteligentes. As plataformas de blockchain, como a Ethereum, suportam a execução de contratos inteligentes, que são contratos autoexecutáveis com os termos do acordo escritos diretamente no código. Os contratos inteligentes aplicam e executam automaticamente os termos do acordo quando condições predefinidas são atendidas, eliminando a necessidade de intermediários e reduzindo o risco de fraude ou manipulação. A transparência proporcionada pela tecnologia blockchain aumenta a responsabilidade, reduz as disputas e permite novos aplicativos, como rastreabilidade da cadeia de suprimentos, rastreamento de procedência e gerenciamento de identidade digital.

As pessoas acreditavam que o Bitcoin popularizou a tecnologia blockchain, e Roger concordava com isso até certo ponto, mas também acreditava que suas possíveis aplicações iam muito além das moedas digitais. Ele reconheceu que o livro-razão descentralizado e imutável da blockchain poderia ser aplicado a diferentes áreas, e o tempo comprovou sua expectativa ao testemunhar o aumento dos casos de uso da tecnologia blockchain. O surgimento de plataformas e protocolos alternativos de blockchain projetados para atender a necessidades específicas do setor expandiu a utilização dessa tecnologia transformadora para diferentes setores. De 2019 em diante, o mundo cripto testemunhou a ampla adoção da tecnologia blockchain em múltiplos setores além das criptomoedas.

No setor de saúde, a incorporação da tecnologia blockchain ofereceu benefícios valiosos, incluindo redução de custos, maior acesso a informações e operações simplificadas. Roger se deparou com plataformas de saúde como Chronicled, MEDICAL CHAIN, Nebula Genomics e outras que aproveitaram a tecnologia blockchain para simplificar suas operações e melhorar as funções para os usuários e consumidores. Não apenas isso, mas as especulações sobre a criação de planos de tratamento e medicamentos personalizados utilizando a tecnologia transformadora da blockchain ressaltaram seu potencial e impacto. Outras áreas proeminentes em que as aplicações da tecnologia blockchain deixaram sua marca foram as transferências de dinheiro e os contratos inteligentes. Os anos seguintes a 2019 testemunharam uma enxurrada de aplicativos de transferência de criptomoedas, economizando tempo e dinheiro para seus usuários.

Com a utilização de sistemas de registro em tempo real, a eliminação de taxas de terceiros e a erradicação de regras e regulamentações burocráticas, os sistemas de transferência de dinheiro apoiados em blockchain interromperam os sistemas de transferência de dinheiro existentes e tradicionais. Diferentes empresas nos EUA adotaram e incorporaram gradualmente a tecnologia blockchain em suas operações para colher seus benefícios.

Com o passar do tempo, as empresas identificaram que a blockchain poderia melhorar a transparência, a rastreabilidade e a eficiência da cadeia de suprimentos, fornecendo um registro inviolável da jornada dos produtos desde sua origem até o consumidor final. Ele permite que as partes interessadas rastreiem e verifiquem a procedência, a autenticidade e as condições do produto em toda a cadeia de suprimentos, reduzindo fraudes, falsificações e erros logísticos. Grandes empresas como Walmart e IBM começaram a usar a blockchain para melhorar a visibilidade de sua cadeia de suprimentos e simplificar os processos.

Os contatos inteligentes, *"os programas armazenados na blockchain que são executados quando as condições predeterminadas são atendidas, eliminam a necessidade de um intermediário e aumentam os níveis de responsabilidade das partes envolvidas"*.[55] Isso economizou muito tempo e dinheiro para as empresas, proporcionando-lhes tranquilidade e garantindo a conformidade de todas as partes envolvidas. Esses contratos revolucionaram o mundo dos negócios, e seus casos de uso variaram de entidades privadas a plataformas públicas. Quando o Google apresentou soluções para simplificar os contratos inteligentes, a crença de Roger em seu poder transformador se fortaleceu ainda mais. Ele ficou feliz em testemunhar a tecnologia de criptomoedas e blockchain chegando à linha de frente e transformando a vida das pessoas.

Roger considerou o desenvolvimento de "finanças descentralizadas" (DeFi) como a aplicação mais proeminente e interessante da tecnologia blockchain. A blockchain da Ethereum facilitou o desenvolvimento de aplicativos de finanças descentralizadas (DeFi) que fornecem serviços financeiros sem intermediários. As plataformas de DeFi, como MakerDAO, Compound e Uniswap, oferecem serviços descentralizados de empréstimo, empréstimo, negociação e gerenciamento de ativos, permitindo que os usuários acessem produtos e serviços financeiros diretamente de suas carteiras de cripto. Quando Roger começou a contar, a lista de aplicações da tecnologia blockchain continuou aumentando, com casos de uso que abrangem diferentes setores e indústrias.

Entre a infinidade de casos de uso da tecnologia blockchain, um que Roger considerou um avanço significativo foi a proteção contra fraudes e *hackers*. A segurança cibernética enfrentou diversas ameaças de *hacking*, golpes e tentativas de fraude com o boom tecnológico. O roubo de informações pessoais essenciais tornou-se uma norma, afetando uma parcela significativa da população. Roger acreditava que a utilização de um livro-razão de blockchain descentralizado para proteger a identidade e as informações pessoais poderia ser uma diferença significativa nas reclamações de roubo de identidade. Ele desejava que os governos pudessem adotar a tecnologia para proteção adequada de dados em nível de massa, assim como diferentes empresas incorporaram bancos de dados e livros-razão baseados em blockchain, permitindo que os usuários protegessem suas informações contra riscos de roubo de identidade.

Com o tempo, os casos de uso da tecnologia blockchain continuaram aumentando e melhorando, abrindo caminhos para que outros identificassem e utilizassem seu potencial. Ao testemunhar o desenvolvimento das criptomoedas e sua crescente perspectiva de substituir o sistema bancário tradicional, Roger previu que, além de simplesmente investir em novas criptomoedas, os investidores também começaram a analisar os planos de negócios das empresas iniciantes de cripto.

Ao contrário do que acontecia antes, quando as criptomoedas eram limitadas às bolsas, ele ficou entusiasmado ao ver projetos de cripto em uma vasta gama de setores, incluindo jogos, esportes, finanças e gestão. Embora ainda houvesse muito trabalho a ser feito para melhorar ainda mais o sistema e aumentar sua segurança, Roger acreditava que o mundo das criptomoedas estava pronto para um crescimento exponencial.

Capítulo 5: O Papel dos Bancos Centrais e do Governo

Certa vez, Roger se deparou com um grupo de crianças brigando por algo durante seu passeio diário. Ao fazer uma curva perto da rua, ele ouviu as vozes das crianças vindas de um beco mal iluminado. Curioso sobre o que estava acontecendo, ele entrou no beco para checar as crianças. Ao se aproximar delas, as vozes ficaram mais claras e ele entendeu que estavam discutindo sobre trocar coisas entre si.

"Ei, Tommy, eu troco duas bolinhas de gude brilhantes por essa carta de beisebol rara", exclamou ansiosamente um garoto com um boné vermelho na cabeça, mostrando as bolinhas brilhantes na palma da mão. Tommy pensou um pouco sobre a oferta e então disse: "Se forem três bolinhas de gude, está fechado".

O primeiro garoto começou a ponderar sobre isso por um tempo e depois disse: "Não, não posso lhe dar três delas. Se eu desse, ficaria com apenas duas".

"Então não vou lhe dar minha carta de beisebol rara. Você pode escolher qualquer outra carta da minha coleção", disse Tommy, guardando a carta de beisebol no bolso.

"Mas eu não preciso de outras cartões. Posso oferecer duas das minhas bolinhas de gude em troca da carta de beisebol que eu quero", enfatizou o segundo garoto.

Roger não pôde deixar de sorrir ao ver as crianças negociando. Ele sempre via essas crianças brincando no parque público onde costumava caminhar diariamente. Isso o fez lembrar de sua infância, quando ele e seus amigos passavam horas trocando brinquedos no pátio da escola.

"Parece que o sistema de escambo está vivo e bem", comentou Roger com outro espectador, que concordou com a cabeça.

"Com certeza está", respondeu o espectador com uma risada. "As crianças de hoje em dia estão sempre encontrando maneiras criativas de conseguir o que querem."

Enquanto Roger continuava a observar a cena, ele viu as crianças finalmente chegando a um acordo depois de um tempo de discussão e negociações. Ele decidiu ter uma pequena conversa com as crianças, esperando dar a elas algum conhecimento que valesse a pena.

"Oi, crianças. Acabei de ver vocês trocando bolinhas de gude por algumas cartas. Vocês sabiam que as pessoas costumavam trocar da mesma forma nos tempos antigos?", ele perguntou a elas.

"Sério?", perguntaram as crianças.

"Sim. Se quiserem, posso lhes contar uma história interessante", ofereceu Roger, e as crianças concordaram prontamente. Eles começaram a caminhar lentamente em direção ao parque, que ficava a apenas alguns passos de distância. Depois de encontrar um lugar agradável para se sentar, Roger começou sua história sobre a origem do dinheiro, desde sua introdução até sua forma atual.

"O que você estava dizendo sobre dinheiro?", um garoto perguntou ao ver Roger perdido em pensamentos.

Sem ele, as economias modernas não poderiam funcionar. Roger pensou no que havia lido sobre dinheiro no outro dia. "Bem, presumo que todos vocês tenham uma ideia sobre dinheiro", Roger começou a explicar para as crianças.

"Dinheiro é algo que mantém seu valor ao longo do tempo, pode ser facilmente traduzido em preços e é amplamente aceito."[56]

"Mas nem sempre foi assim. O dinheiro que vocês veem agora não é como sempre foi. Antes de assumir sua forma atual, o dinheiro passou por diferentes estágios de desenvolvimento. Antes da introdução da moeda, as pessoas negociavam por meio de escambo — *a troca direta de bens e serviços sem a intervenção de um meio de troca ou dinheiro.*[57] No entanto, o sistema de escambo não era tão confiável. Ele tinha algumas falhas, e vocês também viram um pouco disso em sua troca", explicou Roger.

"Os dois principais problemas do sistema de escambo eram a falta de transferibilidade e divisibilidade. Por exemplo, se alguém tinha uma ovelha ou uma vaca para oferecer em troca de bens e serviços que desejava, geralmente não conseguia trocá-los por itens menores ou de menor valor; por exemplo, um saco de grãos em troca de uma vaca inteira seria um negócio ridículo. Da mesma forma, encontrar a pessoa que oferecia o que você precisava em troca do que você oferecia era uma tarefa cansativa. Se uma pessoa tivesse carne para oferecer em troca de arroz, ela não só teria que encontrar uma pessoa que oferecesse arroz, mas também garantir que ela estaria disposta a trocar o arroz por carne. A constatação desses problemas forçou as economias a pensar em um sistema melhor do que o escambo e, por fim, decidiram usar metais preciosos como meio de troca."

"Antigamente, muitos objetos diferentes eram usados como dinheiro, incluindo cascas de búfalo, cevada, grãos de pimenta, ouro e prata. Esses objetos costumavam servir como meio de troca, mas tinham outras desvantagens."

Por exemplo, a cevada era um item alimentício e levava tempo para crescer. No caso de seu consumo em larga escala, a oferta de dinheiro tende a cair. Da mesma forma, outros itens alimentícios usados em troca de bens e serviços não eram confiáveis devido à sua natureza perecível. As pessoas não aceitavam de bom grado itens como cascas de feijão-fradinho devido à sua falta de valor e uso. Nessas condições, acreditava-se que os metais valiosos, como ouro e prata, eram o melhor meio de troca. Eles serviam como meio de troca e tinham uma reserva de valor durável e uma unidade de conta estável. Em resumo, eles resolviam todos os problemas que outras mercadorias tinham. Além de outras características, elas eram facilmente transferíveis e divisíveis."

Roger olhou para as crianças para ver se elas ainda estavam interessadas, e a atenção delas a ele provou que sim.

"Vocês sabem quando e onde foi cunhada a primeira moeda oficial?"

"Não. Cada país não tem sua própria moeda?"

"Sim, eles têm. No entanto, a primeira vez que uma moeda foi formada e emitida foi na China, em 550 a.c. Eles criaram moedas de ouro e as usaram como moeda. O governo e as autoridades autorizadas cunharam moedas padronizadas, proporcionando um meio de troca conveniente com tamanho, peso e pureza uniformes. Os governos começaram a emitir papel-moeda lastreado em reservas de ouro para atender à crescente demanda por moeda e facilitar transações maiores. Mais tarde, no século XIX, o padrão-ouro surgiu como um sistema monetário."

"As moedas de ouro tinham valor intrínseco, o que significa que seu valor era derivado do valor original dos metais. O dinheiro tornou-se uma linguagem universal de comércio. Em vez de encontrar alguém que queira o que você tem, você pode usar o dinheiro para comprar o que precisa de qualquer pessoa, em qualquer lugar. É como uma chave mágica que abre infinitas possibilidades. Durante os séculos XVII e XVIII, os governos começaram a emitir papel-moeda lastreado em reservas de ouro para atender à crescente demanda por moeda e facilitar transações maiores. *A Grã-Bretanha foi o primeiro país a adotar o sistema de padrão ouro, que mais tarde se tornou o sistema monetário internacional após 1870.*[58] Seguindo o exemplo da Grã-Bretanha, outros países do mundo acabaram adotando o mesmo sistema monetário."

"O que você quer dizer com 'sistema de padrão-ouro'?", perguntou uma criança.

"Um padrão-ouro é um sistema monetário em que a moeda de um país ou o papel-moeda tem um valor diretamente vinculado ao ouro."[59]

A Grã-Bretanha interrompeu oficialmente o uso do sistema de padrão-ouro em 1931, enquanto os EUA o interromperam em 1933. Na maior parte do mundo, o sistema de padrão-ouro foi interrompido em 1914 durante a Primeira Guerra Mundial. Depois de permanecer no sistema por mais de 34 anos, o sistema de Bretton Wood substituiu o sistema de padrão-ouro e, posteriormente, o sistema de moeda fiduciária.

O sistema de Bretton Woods envolvia o estabelecimento do padrão-ouro para determinar a taxa de câmbio de diferentes moedas. Após a Segunda Guerra Mundial, os aliados vitoriosos se reuniram em Bretton Woods, nos Estados Unidos. Eles assinaram um acordo para fixar suas moedas em relação ao dólar americano, em uma tentativa de alcançar a estabilidade financeira e resolver o problema da inflação. O governo dos EUA concordou em trocar US$ 35 por uma onça de ouro. O acordo permaneceu influente até a década de 1960, quando ficou evidente que os EUA não detinham ouro suficiente para cumprir as exigências do Acordo de Bretton Woods. Mais tarde, em

1971, o presidente dos EUA, Richard Nixon, tentou alterar a taxa de câmbio para US$ 38. Isso marcou o fim da garantia de troca de outras moedas a uma taxa fixa.

Como resultado desse acordo, o comércio internacional continuou usando o dólar americano nesse padrão "quase ouro" até 1971. Em 1973, a taxa foi novamente alterada para US$ 42 por onça. A partir de então, o dólar americano e todas as outras moedas passaram a ser avaliados somente em relação a outras moedas. O mercado monetário internacional tornou-se então um verdadeiro sistema fiduciário sem qualquer vestígio de um padrão-ouro. Posteriormente, desafios econômicos como a Grande Depressão e a necessidade de flexibilidade na política monetária acabaram levando os governos a abandonar o padrão ouro. O sistema monetário lastreado em ouro foi substituído por sistemas de moeda fiduciária que ofereciam aos bancos centrais e aos governos maior controle sobre a oferta de moeda e as taxas de juros. Ao falar sobre a evolução do dinheiro, ele colocou a mão no bolso, sentindo o toque familiar do papel-moeda na ponta dos dedos. Um sorriso sutil apareceu em seu rosto quando ele começou a falar novamente: "Chamam isso de dinheiro fiduciário. O dinheiro que vocês veem hoje em dia é emitido pela Reserva Federal e impresso pelo Tesouro do Governo dos Estados Unidos, apoiado não por ouro, mas por decreto — uma confiança de que os pedaços de papel que vocês têm podem ser trocados por bens e serviços de igual valor."

"Vocês conseguem ver o que está escrito aqui?", ele perguntou enquanto mostrava a nota de um dólar para o grupo reunido ao seu redor. O grupo agora incluía crianças e adultos.

Ela diz: *"Moeda legal para todas as dívidas, públicas e privadas"*, mostrando que pode ser usada para a troca de bens e serviços de igual valor.

Ao contrário das quantidades limitadas de metais preciosos que antes ancoravam a moeda, a moeda fiduciária não tem limites em termos de oferta. Sua oferta é tão flexível quanto os formuladores de políticas acharem necessário. Da mesma forma, a moeda fiduciária é significativamente diferente do sistema de padrão-ouro. Os sistemas de padrão-ouro e moeda fiduciária representavam duas estruturas monetárias distintas, cada uma com suas próprias características e implicações para a economia.

O padrão-ouro proporcionou um ambiente monetário relativamente estável, no qual o valor da moeda estava vinculado a uma quantidade fixa de ouro. Isso limitava o risco de inflação e resultava em pressões deflacionárias durante a expansão econômica. Por outro lado, as moedas fiduciárias sofrem flutuações de valor dependendo de diferentes fatores. Embora ofereçam maior flexibilidade, fatores como condições econômicas, políticas governamentais e até mesmo percepções do mercado podem afetar significativamente seu valor. A segunda diferença mais proeminente apontada por ele foi que, sob o padrão-ouro, a política monetária era restrita pela exigência de manter reservas de ouro, o que impedia que os formuladores de políticas respondessem às crises econômicas com medidas expansionistas.[60] Por outro lado, a moeda fiduciária permite que os bancos centrais implementem uma ampla gama de ferramentas de política monetária de acordo com a condição econômica e a necessidade de crescimento e estabilidade econômica.

Roger acredita que ambos os sistemas têm implicações para a estabilidade financeira. Embora o padrão ouro fornecesse uma âncora confiável para as moedas, ele também poderia exacerbar as crises financeiras ao limitar a liquidez durante as recessões. Apesar de suas desvantagens e do risco de inflação, as moedas fiduciárias ofereciam mais espaço para os bancos centrais e os governos garantirem a liquidez e a estabilidade nos mercados financeiros durante as crises.

A história do início do sistema bancário é tão interessante quanto a história do dinheiro. A história dos bancos remonta a comerciantes e ourives que costumavam emprestar dinheiro a pessoas físicas e também mantinham seus depósitos em dinheiro para guarda. Mais tarde, isso se transformou em um negócio organizado e continuou até a formação do primeiro banco. Quando Roger começou a contar sobre a história dos bancos, ele lembrou como foi desafiador rastrear os detalhes da formação do primeiro banco. Ele encontrou opiniões divergentes das pessoas. Alguns consideravam o Banco de Veneza como o primeiro banco verdadeiro do mundo, enquanto outros consideravam o Banca Monte dei Paschi Bank of Siena (1472) como o primeiro banco da história.

Acredita-se que o Banco de Veneza tenha sido estabelecido em 1157 no próspero centro comercial de Veneza, na Itália. O Banco de Veneza desempenhou diversas funções importantes que lançaram as bases para as práticas bancárias modernas. Ele prestava serviços financeiros, incluindo empréstimos e manutenção de depósitos para o governo e para pessoas físicas. Outra contribuição significativa do Banco de Veneza foi a emissão de cartas de câmbio. Essas cartas permitiam que os comerciantes realizassem transações sem a necessidade de moeda física ou metais preciosos. Elas permitiam que os comerciantes trocassem as cartas como prova de uma promessa de pagar uma determinada quantia em dinheiro em uma data posterior mencionada na nota. A inovação facilitou muito o comércio e contribuiu para a prosperidade de Veneza como uma potência comercial.

Roger acreditava que o Banco de Veneza desempenhou um papel crucial no desenvolvimento das práticas bancárias modernas, incluindo a aceitação de depósitos e a concessão de empréstimos. Os depositantes podiam confiar seu dinheiro ao banco para ser guardado, ganhando juros sobre seus depósitos ao longo do tempo. Enquanto isso, os tomadores de empréstimos podiam obter empréstimos do banco para financiar empreendimentos comerciais ou oportunidades de investimento. Anteriormente, os bancos desempenhavam apenas as funções de manter depósitos e emitir empréstimos. Entretanto, com o passar do tempo, as funções dos bancos também evoluíram, o que levou à criação do banco central. O primeiro banco central conhecido na história do mundo foi o Riksens Ständers Bank (Banco das Propriedades do Reino) em 1668. Tudo começou em 1619, quando Axel Oxenstierna propôs que deveria haver um banco em cada cidade para atender ao problema da falta de moedas e da circulação lenta de dinheiro. As guerras já haviam levado a uma escassez de metais preciosos, como ouro e prata; portanto, as pessoas já estavam procurando ativamente por alternativas. Em 1656, o Stockholms Banco foi fundado como o primeiro banco da Suécia e emitiu as primeiras cédulas bancárias da Europa em 1661. Apesar do fracasso do banco, ele ainda desempenhava um papel importante na garantia do valor do dinheiro e na circulação tranquila na economia. Mais tarde, em 1668, o Sveriges Riksbank foi fundado a partir dos restos do Stockholms Banco e surgiu como o primeiro banco central do mundo.

Por ser o banco central do país, o banco era responsável por emitir notas de moeda e regular sua circulação na economia. Com o tempo, outros países também criaram seus próprios bancos centrais. A Grã-Bretanha liderou o caminho com a criação do Bank of England em 1694, seguida pelo Bank of North America em 1781.

Nos Estados Unidos, o primeiro banco foi fundado em 1781, quando o Congresso fundou o Bank of North America como a primeira instituição financeira fundada pelos Estados Unidos e o primeiro banco de fato do país. Naquela época, ele funcionava como um banco central de fato, com a maioria das ações detidas pelo público. Naquela época, os Estados Unidos estavam lutando na Guerra Revolucionária Americana e precisavam de fundos para financiar suas atividades de defesa. O Bank of North America levantou dinheiro para apoiar a guerra em andamento contra a Grã-Bretanha. O financista Robert Morris, da Filadélfia, foi nomeado o primeiro superintendente do banco. Ele havia doado uma quantia substancial de sua riqueza pessoal para apoiar a guerra.

Posteriormente, em 1791, o primeiro banco central oficial dos Estados Unidos foi formado quando o Congresso fundou o First Bank of the United States por um período de 20 anos. Inicialmente, o objetivo do banco era emprestar fundos ao governo e às empresas, controlar o fornecimento de notas e garantir a estabilidade da moeda. A formação do primeiro banco central foi seguida pela criação de 18 novos bancos comerciais em um curto giro de cinco anos. Antes da formação do banco central, havia apenas quatro bancos comerciais nos Estados Unidos.

Em 1910, após o pânico de 1907 — *a primeira crise financeira mundial do século XX* [61] — um grupo de pessoas teve uma reunião secreta na Ilha Jekyll, que era uma ilha isolada na costa da Geórgia. Eles acreditavam que o sistema bancário existente sofria de problemas graves, o que representava uma ameaça significativa ao sistema financeiro. Os participantes expressaram suas preocupações em um plano que escreveram em sua reunião e também nos relatórios da National Monetary Commission. Posteriormente, um movimento de reforma monetária foi estimulado no país, levando à criação do Sistema da Reserva Federal em 1913. O FED foi formado como resultado do Decreto da Reserva Federal de 1913, que foi assinado como lei pelo Presidente Woodrow Wilson. Como resultado dessa legislação, o Sistema da Reserva Federal foi criado para fornecer uma moeda mais elástica, uma supervisão mais eficaz dos bancos e um sistema de compensação mais eficiente e equitativo. Com o passar dos anos, o FED tornou-se um símbolo de poder e intriga financeira, desempenhando um papel fundamental em nossa vida cotidiana e no sistema monetário.

À medida que a discussão prosseguia, alguns adultos se juntaram a eles, enquanto as crianças começavam a sair uma após a outra, e a história do dinheiro terminou.

"E o que você acha da flexibilização quantitativa (QE)? A forma de política monetária na qual um banco central, como o Federal Reserve dos EUA, compra títulos no mercado aberto para reduzir as taxas de juros e aumentar a oferta de moeda"[62], perguntou uma das pessoas sentadas nas proximidades.

"Sim, a ferramenta usada pelos bancos centrais para estimular a economia quando as medidas tradicionais de política monetária se tornam ineficazes. Quando o banco central compra títulos do governo ou outros ativos financeiros do mercado, dinheiro novo é injetado na economia, aumentando a oferta de dinheiro, reduzindo as taxas de juros e incentivando empréstimos e investimentos. Os bancos centrais implementam a QE durante períodos de retração ou recessão econômica para estimular a atividade econômica. Ao injetar liquidez nos mercados financeiros, a QE ajuda a reduzir os custos de empréstimos para empresas e consumidores e, ao mesmo tempo, incentiva gastos, investimentos e empréstimos. Assim, ele cria um ambiente propício para o crescimento econômico em uma economia estagnada, respondeu Roger.

"A QE pode apoiar os gastos com déficit do governo, mantendo baixos os custos de empréstimos. Em países com altos níveis de dívida pública, ela pode ajudar a aliviar os encargos da dívida ao reduzir os pagamentos de juros sobre a dívida pública pendente. Ao reduzir as taxas de juros de longo prazo, a QE reduz o custo do serviço da dívida existente, tornando mais sustentável para os governos administrarem suas obrigações de dívida", acrescentou outro homem.

"Isso mesmo. Entretanto, sou um pouco cético em relação à Flexibilização Quantitativa, pois ela tende a criar mais inflação do que as políticas monetárias convencionais.[63] Portanto, acredito que os bancos centrais devem ter cuidado com a pressão inflacionária ao implementar essa política para evitar o risco de inflação excessiva ou a formação de bolhas de preços de ativos", disse Roger.

"Sim, afinal de contas, a QE é normalmente implementada como uma medida emergencial e tem a intenção de ser temporária. Os bancos centrais têm estratégias para desfazer a QE quando as condições econômicas melhorarem e a pressão inflacionária surgir", respondeu o homem.

"Sim. Eu acredito que os bancos centrais e os governos têm um papel fundamental para garantir o sucesso dessa política.

Eles devem ser capazes de comunicar suas intenções políticas de forma eficaz e cuidar de fatores como o estado da economia e a dinâmica da inflação." Quando Roger concluiu seu comentário, todos concordaram com a cabeça.

"Ouvi dizer que as criptomoedas têm o potencial de modernizar o sistema bancário e resolver os problemas subjacentes do sistema monetário atual", disse o homem sentado ao lado de Roger.

"Tudo isso está em sua oferta fixa, ao contrário da moeda fiduciária, que pode ter uma oferta infinita", respondeu Roger.

"Ao contrário das criptomoedas, o fornecimento de moeda fiduciária é controlado pelo banco central de um determinado país. *As moedas fiduciárias estão, portanto, sujeitas à inflação, uma vez que as autoridades monetárias podem imprimir dinheiro a qualquer momento.*[64] *Com políticas como a flexibilização quantitativa, os bancos centrais podem aumentar a oferta de moeda sempre que necessário, como fizeram anteriormente durante a crise financeira global dos EUA, a crise da dívida soberana europeia e o surto de COVID-19. Por outro lado, criptomoedas como o Bitcoin têm um suprimento finito, livre do controle de qualquer entidade centralizada. O Bitcoin tem um suprimento fixo de 21.000.000 de unidades e não depende do sistema de dívidas.*[65] O número total de bitcoins criados no sistema nunca ultrapassaria esse limite predeterminado. Isso o torna menos propenso ao risco de inflação", explicou Roger.

"Mas os preços das criptomoedas não são mais voláteis do que os das moedas fiduciárias?", um dos espectadores perguntou.

"*Sim, de fato são. O bitcoin e outras criptomoedas são mais voláteis do que moeda fiduciária em termos de valor.*[66] A demanda e a oferta determinam seu valor e preço; portanto, vemos aumentos e quedas repentinas", respondeu Roger.

Depois de um tempo, Roger saiu do parque para voltar ao seu apartamento e pensar sobre a discussão que teve no parque. Enquanto Roger caminhava pela calçada em um clima agradavelmente quente, o piscar de um painel de notícias na esquina da rua chamou sua atenção: "China está tomando medidas drásticas: todas as transações de criptomoedas agora são ilegais". Tentando absorver a gravidade da manchete que acabara de ver, ele parou momentaneamente. Apesar de o canal de notícias anunciar isso como uma medida ousada que mostrava a abordagem rigorosa do país em uma tentativa de controlar e regular as criptomoedas, Roger sabia que não era nada mais do que uma parte dos esforços globais de regulamentação das criptomoedas.

Ele relembrou a época em que, em 2017, os investidores chineses eram participantes dominantes no mercado de Bitcoin, e o mercado especulativo representava cerca de 90% do comércio global de Bitcoin; o país fechou as bolsas de criptomoedas locais. Dois anos depois, o país proibiu oficialmente o comércio de criptomoedas quando o Banco Popular da China declarou que bloquearia o acesso a todas as formas de bolsas de criptomoedas, nacionais, estrangeiras e sites de ofertas iniciais de moedas. No entanto, as transações de criptomoedas continuaram por meio de bolsas on-line estrangeiras. *"A China, juntamente com a Arábia Saudita e o Catar, proibiu completamente o comércio de criptomoedas no país."*[67]

Ao virar uma esquina, Roger se viu do lado de fora de um cibercafé cujas janelas de vidro tinham pôsteres que falavam sobre as virtudes da tecnologia blockchain e seu potencial para transformar o mundo. Enquanto estava ali, lendo o conteúdo do cartaz, ele olhou para um grupo de pessoas reunidas em torno de um monitor, concentradas em algo exibido na tela.

Ele supôs que eles poderiam estar discutindo a mais recente fiscalização do Departamento do Tesouro dos EUA, que havia ampliado sua supervisão para incluir bolsas e carteiras, lançando uma ampla rede sobre qualquer entidade que operasse no espaço cripto. Enquanto caminhava, ele refletiu sobre a postura da Nigéria e as regulamentações e medidas adotadas por outros países. Na Nigéria, o banco central proibiu os bancos locais de atender às bolsas de criptomoedas, levando o comércio à clandestinidade, longe da luz do escrutínio oficial. O mandato da Coreia do Sul para contas com nomes reais no comércio de criptomoedas passou em sua mente.

"Adapte-se ou resista", sussurrou ele ao sair da cafeteria e avançar os pés em direção ao seu apartamento. Ele sabia que o trabalho que estava sendo feito no mundo das criptomoedas ainda estava incompleto, pois o governo e os bancos centrais assumiram a responsabilidade de regulamentar o mundo das criptomoedas. Seu smartphone vibrou com uma mensagem de um colega: *"A Rússia propôs reconhecer as criptomoedas como moeda."*

"Outro dominó à beira da decisão", exclamou ele, ao sentar-se na cafeteria.

Ele então começou a ler um artigo em seu smartphone sobre os governos de todo o mundo que estavam implementando regulamentações e restrições às criptomoedas em resposta a diferentes preocupações e riscos associados ao seu uso. O título do artigo dizia: "A estrutura regulatória deve se expandir". De acordo com o artigo, as regulamentações visavam abordar questões como proteção ao investidor, estabilidade financeira, lavagem de dinheiro e financiamento do terrorismo.

"Protocolos antilavagem de dinheiro, conheça os requisitos de seus clientes", ele leu em voz alta. Esses não eram apenas termos; eram os parafusos mais apertados do escrutínio. Diferentes governos em todo o mundo estavam impondo requisitos de AML e KYC às bolsas de criptomoedas e a outros intermediários para evitar a lavagem de dinheiro, o financiamento do terrorismo e outras atividades ilícitas. As regulamentações exigiam que as bolsas verificassem a identidade de seus clientes, monitorassem as transações em busca de atividades suspeitas e relatassem quaisquer transações suspeitas às autoridades reguladoras. Ele sabia que *"os esforços de combate à lavagem de dinheiro (AML) consistem em leis, regulamentações e procedimentos criados para impedir que criminosos troquem dinheiro obtido por meio de atividades ilegais – ou 'dinheiro sujo' – por renda legítima ou 'dinheiro limpo'".* [68]

Ao ler o artigo, ele descobriu que muitos governos exigem que as bolsas de criptomoedas e outros provedores de serviços obtenham licenças ou se registrem junto às autoridades reguladoras. Essas regulamentações têm como objetivo garantir que essas entidades cumpram os requisitos de AML e KYC e sigam os padrões básicos de operação e segurança. Os governos também estavam trabalhando para impor impostos sobre transações de criptomoedas, ganhos de capital e renda gerada por atividades relacionadas a criptomoedas. [69]

"Então, o governo quer que os indivíduos e as empresas envolvidas em transações de criptomoedas cumpram as leis tributárias e contribuam com sua parte justa para o faturamento do governo. Vamos ver onde isso vai dar", disse ele enquanto examinava a parte restante do artigo. Ele incluiu mais informações sobre a implementação de regulamentações pelos governos para proteger os consumidores contra fraudes, golpes e outros abusos no mercado de criptomoedas. As regulamentações incluíam medidas para garantir transparência, divulgação de riscos e mecanismos de recurso para investidores prejudicados por práticas fraudulentas. *Depois de solidificar sua posição como o maior centro de mineração do mundo em 2018, a China tomou medidas rigorosas contra o florescimento das criptomoedas e proibiu as ICOs.* [70] *Enquanto alguns países, como China, Arábia Saudita, Egito e diferentes nações africanas, impuseram uma proibição total ao comércio de criptomoedas, outros governos impuseram proibições parciais ou restrições condicionais ao uso de criptomoedas para determinados fins, como proibir ou limitar seu uso para pagamentos, investimentos ou captação de recursos."*[71] O artigo também mencionava as regulamentações relativas ao monitoramento das atividades das criptomoedas pelos governos para detectar e prevenir atividades ilícitas, como lavagem de dinheiro, financiamento do terrorismo e evasão fiscal. Eles também consideraram o uso de tecnologia avançada e análise de dados para rastrear transações de criptomoedas e identificar padrões suspeitos.

Depois de ler o artigo completo, Roger deduziu que, de modo geral, os governos pretendiam encontrar um equilíbrio entre a promoção da inovação no setor de criptomoedas e a mitigação dos riscos para os investidores, a estabilidade financeira e a integridade do sistema financeiro. Roger guardou seu dispositivo no bolso enquanto seus pensamentos corriam mais rápido do que seus passos. A posição de cada país em relação às criptomoedas era crucial para determinar não apenas o futuro da moeda digital, mas também o futuro dos sistemas financeiros desses países. Enquanto ele contemplava diferentes aspectos do papel dos bancos centrais e dos governos, os resultados de uma pesquisa começaram a surgir em sua mente, sugerindo que *"poderia haver 15 CBDCs de varejo e nove de atacado circulando entre o público no final desta década"*.[72]

Enquanto Roger caminhava em direção ao seu apartamento, ele sabia que o papel dos bancos centrais e dos governos em manobrar as complexidades da oferta monetária e da inflação era mais crucial do que nunca.

Capítulo 6: A Volatilidade das Criptomoedas

Já era hora de Roger decidir colocar a mão na massa no mundo das criptomoedas, investindo diretamente nele. Ele discutiu seu plano com um de seus amigos, que era programador e já estava lidando com o mundo das criptomoedas.

"É bom que você queira se aprofundar no mundo das criptomoedas", disse seu amigo, 'mas tome cuidado com os perigos que estão por vir'.

"O que você quer dizer com isso?", perguntou ele.

"Bem, você deve ter visto como as flutuações de preço no mundo das criptomoedas têm sido rápidas e imprevisíveis em períodos curtos. Ao contrário dos mercados financeiros tradicionais, em que os movimentos de preços são relativamente estáveis, a dinâmica do mercado de criptomoedas é bem diferente. Esse mercado é conhecido por sua extrema volatilidade, e os preços dos ativos digitais aqui às vezes oscilam em porcentagens de dois dígitos em questão de horas ou mesmo minutos", disse ele.

"Você está certo. Observei isso com as flutuações de preço do Bitcoin. Mas como e por que isso acontece?" perguntou Roger.

"As flutuações de preço do Bitcoin decorrem principalmente do fato de os investidores e negociantes esperarem um preço cada vez maior, na expectativa de riquezas.[73] Entretanto, no que diz respeito às diferentes criptomoedas, há diferentes fatores que contribuem para sua volatilidade. Os mais populares entre eles incluem as forças de oferta e demanda, sentimentos do mercado e alguns outros fatores", começou a explicar seu amigo. Você sabe muito bem que a maioria das criptomoedas, como o Bitcoin, tem uma oferta limitada. Essa oferta limitada, combinada com o aumento da demanda, faz com que os preços das criptomoedas subam. Por exemplo, o Bitcoin tem um limite de oferta fixo de 21 milhões de moedas. Isso a torna deflacionária por natureza, ao contrário da moeda fiduciária, que é inflacionária por natureza.

"Isso significa que, à medida que a demanda por Bitcoin aumenta por qualquer motivo, seu preço tende a subir. Por outro lado, a diminuição da demanda ou o aumento da pressão de venda pode fazer com que os preços caiam", disse Roger, e seu amigo assentiu.

"Mas e quanto às criptomoedas como Ethereum, que não têm uma oferta limitada?" perguntou Roger.

"Embora a Ethereum não tenha um limite máximo de fornecimento, ela tem um mecanismo de queima que verifica as demandas e o fornecimento das criptomoedas na rede, estabilizando seu valor. Estima-se que cerca de US$ 9 bilhões em moedas da Ethereum tenham sido queimados em 1,4 ano.[74] *Como resultado do mecanismo de queima, cerca de 2,8 milhões*

de tokens ETH foram removidos da rede, evitando o excesso de oferta de tokens ETH na rede. Devido a isso, o fornecimento de ETH foi deflacionário líquido.[75]

A queima ou destruição de tokens envolve o envio de tokens para um endereço do qual eles não podem ser recuperados. Isso reduz o suprimento circulante do ativo e leva a uma contração final no suprimento geral ao longo do tempo.[76] Embora o mecanismo de queima tenha sido implementado inicialmente para a regulamentação das taxas de gás da Ethereum, ele agora desempenha um papel significativo para manter o fornecimento de *tokens* da Ethereum sob controle."

"Mas as forças de oferta e demanda nem sempre afetam o preço das criptomoedas. Os preços das criptomoedas são fortemente influenciados pelo sentimento do mercado. A confiança, o medo, a incerteza e a especulação dos investidores têm um impacto sobre os preços das criptomoedas. Notícias ou desenvolvimentos positivos no espaço das criptomoedas, como aprovações regulatórias, avanços tecnológicos ou adoção institucional, podem fazer os preços subirem. Por outro lado, notícias negativas, violações de segurança, repressões regulatórias ou manipulação de mercado podem levar a quedas acentuadas de preços."

"Isso faz sentido, pois grande parte da atividade de negociação nos mercados de criptomoedas é impulsionada pela especulação e não pelo valor fundamental. Uma vez que os *traders* geralmente compram e vendem criptomoedas com base em movimentos de preços de curto prazo, isso leva a oscilações exageradas de preços."

"Sim. Alguns outros fatores também entram em jogo. Por exemplo, o ambiente regulatório pode afetar significativamente os preços das criptomoedas, inclusive os anúncios ou ações regulatórias de governos e órgãos reguladores. Os mercados de criptomoedas ainda são jovens, e a incerteza regulatória é um visitante frequente. Isso pode ser visto quando a notícia de regulamentações iminentes ou proibições de atividades de criptomoedas em determinadas jurisdições levou a vendas em pânico e quedas de preços."

Por exemplo, as notícias de proibições, restrições e regulamentações na China e em outros países, como Arábia Saudita e Qatar, levaram os investidores a duvidar da confiabilidade das criptomoedas. Por outro lado, estruturas regulatórias claras e regulamentações favoráveis podem aumentar a confiança dos investidores e elevar os preços. Além disso, em comparação com os mercados financeiros tradicionais, os mercados de criptomoedas carecem de liquidez. Isso significa que grandes ordens de compra e venda podem afetar os preços de forma desproporcional. Essa falta de liquidez pode exacerbar a volatilidade, especialmente em criptomoedas menores ou menos negociadas.

"Acho que você se esqueceu de mencionar os desenvolvimentos tecnológicos. Toda atualização de *software* e mudança de protocolo nas redes de criptomoedas tende a influenciar os preços. Aperfeiçoamentos, atualizações e outras melhorias na tecnologia blockchain afetam a escalabilidade, a segurança e a funcionalidade da rede, levando a mudanças no sentimento dos investidores e, em última análise, afetando os movimentos de preços."

"A volatilidade das criptomoedas parece ser algo a que não tenho prestado atenção suficiente. Tenho uma tolerância maior ao risco, portanto não preciso reconsiderar minhas decisões de investimento agora", disse Roger.

"Não. Veja, é assim que a volatilidade das criptomoedas pode levá-lo a um passeio. Seu trabalho é não deixar que ela faça isso. Meu conselho para quem investe em criptomoedas é diversificar seus investimentos. Diversificar um portfólio geral de investimentos reduz as flutuações das criptomoedas em seu patrimônio líquido. Como se trata de um ativo altamente volátil, considere que menos é mais ao investir em cripto se você for um novo investidor. *A regra geral (de acordo com o site betterment.com) ao investir em criptomoedas é investir menos de 5% do total de seus ativos investíveis em criptomoedas.*[77] Essa porcentagem mais baixa reduz sua suscetibilidade e risco, ao mesmo tempo em que lhe oferece uma participação decente para alavancar o valor da criptomoeda quando ele estiver alto."

No entanto, para investidores experientes com horizontes de tempo mais longos, investir até 10-20% em criptomoedas pode ser altamente lucrativo, desde que estejam dispostos a assumir os riscos associados ao setor de alto risco e alta recompensa e possuam uma maior tolerância ao risco. Em última análise, a decisão de investir em criptomoedas deve ser avaliada caso a caso, levando em conta as circunstâncias e os objetivos de investimento exclusivos do investidor.

"Outra excelente estratégia é usar a média do custo em dólar. *A média do custo em dólares é a prática de investir uma quantia fixa em dólares regularmente, independentemente do preço das ações.*[78] Isso significa que você compra uma quantidade fixa e consistente de cripto a cada mês, semana ou dia, independentemente do preço. Essa é uma estratégia eficaz para desenvolver hábitos de investimento disciplinados ao investir em diferentes classes de ativos e títulos. E, por fim, algo que a maioria das pessoas tende a ignorar é a importância de ser intencional no monitoramento de seu portfólio de investimentos. O monitoramento regular é importante, mas o excesso de monitoramento leva ao estresse e à ansiedade, principalmente se você ficar na tela durante um período de baixa. Abster-se de fazer verificações constantes de desempenho durante as tendências de baixa do mercado é crucial para evitar tomar uma decisão errada sob a influência da ansiedade e do pânico." "Ser temeroso quando os outros são gananciosos e ser ganancioso somente quando os outros são temerosos." (Warren Buffett) Roger também pesquisou e descobriu que a Betterment.com oferece uma maneira fácil de iniciar um portfólio de criptomoedas equilibrado de 17 criptomoedas selecionadas especialmente, incluindo BTC e ETH e outros portfólios gerenciados pela Gemini Trust Company (Cameron e Tyler Winklevoss) por uma taxa nominal de 1%.

A discussão com seu amigo incentivou Roger a pesquisar mais sobre as estruturas de criptomoedas implementadas para desencadear uma tendência deflacionária em seus valores. Ao pesquisar, ele descobriu que a Pepe, uma *meme coin* lançada na Ethereum, era uma das principais moedas deflacionárias. *Moedas deflacionárias são as criptomoedas, moedas e* tokens *que diminuem no fornecimento total toda vez que ocorre uma transferência de* token. *Uma porcentagem do valor transferido será queimada a cada transferência.*[79] A política de não tributação da Pepe, o sistema redistributivo que recompensa as partes interessadas de longo prazo e o mecanismo de queima são alguns dos fatores que atraem a comunidade de criptomoedas.

A criptomoeda foi criada como uma homenagem ao meme da Internet "Pepe the Frog", criado por Matt Furie, que ganhou enorme popularidade no início dos anos 2000.[80]

Ele também obteve insights valiosos sobre a Baby Doge, uma moeda deflacionária projetada para se tornar mais escassa com o tempo. Ele achou interessante o fato de que *todos os detentores de Baby Doge ganharão mais Baby Doge, que é enviado automaticamente para a carteira deles simplesmente mantendo moedas Baby Doge na carteira.*[81] Ele descobriu que toda transação que ocorre na rede Baby Doge leva automaticamente os detentores a receber uma taxa de 5%. Além dessas, ele também encontrou outras moedas *meme coin*, como Pitbull, DogeBonk, Siba Inu, Dogecoin e outras, que estão fazendo manchetes no mundo das criptomoedas. Pesquisas e análises mais profundas revelaram que as métricas da *meme coin* estavam provando ser métricas de vaidade para blockchains desesperadas e não conseguiram estimular nenhuma adoção verdadeira. Ele considerou as métricas de vaidade das *meme coins* e moedas falsas semelhantes às curtidas e comentários em publicações nas mídias sociais que parecem espetaculares, mas não têm impacto substancial na vida real. Há milionários de *meme coins* e perdedores de *meme coins*. Dependendo do momento de sua entrada e saída, pode ser muito lucrativo.

Com base em sua pesquisa, Roger listou os *tokenomics* das cinco principais criptomoedas por capitalização de mercado, juntamente com uma comparação de seu histórico de preços e oportunidades potenciais, para ajudar a determinar em quais delas investir. Para facilitar, ele apresentou toda a comparação em um formato tabular apresentável para tornar as informações acessíveis.

Cripto	Tokenomics	Utilidade	Histórico de Preços	Oportunidade
Bitcoin (BTC)	- O fornecimento fixo cria escassez. - A mineração de bitcoins a cada quatro anos leva a um cronograma de fornecimento deflacionário.	- Funciona principalmente como uma reserva de valor, semelhante ao ouro, mas tem uma funcionalidade de contrato inteligente comparativamente limitada.	-Tem um histórico bem estabelecido com valorização significativa do preço ao longo dos anos.	A oferta limitada e o status estabelecido oferecem potencial de armazenamento de valor a longo prazo.
Ethereum (ETH)	- Fornecimento ilimitado, mas a emissão é controlada por meio de um mecanismo de queima.	- ETH é usado para transações na rede Ethereum, alimentando diferentes aplicativos descentralizados.	- O preço do Ethereum cresceu junto com o aumento de DeFi e NFTs.	Sua utilidade e o potencial de inovação futura no espaço de dApp oferecem oportuni

				dades interessa ntes
Tether (USDT)	- Valor atrelado ao dólar americano, visando a flutuações mínimas de preço - Emissão centralizada	- Os *tokens* Tether permitem que empresas, carteiras, processado res de pagamento , caixas eletrônicos e serviços financeiros	- O preço permaneceu relativamente estável	Uma escolha popular para negociaç ão e cobertur a contra a volatilida de das criptomo edas

Solana (SOL)	- Fornecimento inflável com fornecimento total limitado a 1,5 bilhão de SOL. - Emissão contínua de prêmios de rede.	- Usada para transações e taxas na rede Solana, dando suporte a um ecossistema crescente de dApps.	- Testemunhou um crescimento significativo de preços devido ao seu alto desempenho e potencial escalável.	O forte ecossistema e o foco em DeFi podem oferecer oportunidades
Binance Coin (BNB)	- Queima trimestral de uma parte dos *tokens* BNB para redução gradual da oferta	- Usada para descontos em taxas de negociação, participação em vendas de *tokens* no Binance Launchpad e outras funcionalidades	- Beneficiou-se do crescimento da bolsa Binance e de seus diversos casos de uso	A utilidade do *token* e o potencial de expansão contínua do ecossistema apresentam oportunidades

Depois de reunir todas as informações, Roger percebeu que as principais criptomoedas ofereciam diversos *tokenomics* com diferentes estruturas de fornecimento, funções de utilidade e oportunidades potenciais. Juntamente com os participantes estabelecidos, como Bitcoin e Ethereum, projetos mais novos, como o Solana, também ofereciam um potencial de crescimento exclusivo dentro do ecossistema mais amplo de criptomoedas. No entanto, a partir da conversa com seu amigo, ele entendeu que todo investidor, seja ele novato ou experiente, deve considerar os *tokenomics*, a tecnologia, a capitalização de mercado, o histórico de preços e os fatores regulatórios de cada criptomoeda para avaliar as oportunidades de investimento, bem como os perfis de risco.

Durante sua pesquisa, as principais oscilações de preço no valor do Bitcoin atraíram a maior parte da atenção de Roger. A histórica oscilação de preço do Bitcoin em 2017 escondeu diferentes lições que valem a pena para todos no ecossistema de criptomoedas. Ele se lembrou do final de 2017, quando o Bitcoin passou por uma corrida de alta histórica, atingindo o preço mais alto de todos os tempos de quase US$ 20.000 por BTC. No início de 2017, o preço do Bitcoin girava em torno de US$ 1.000, até que ultrapassou US$ 2.000 em maio. A tendência de aumento continuou até atingir US$ 19.188 em dezembro. Foi um grande avanço para o Bitcoin e as criptomoedas seguintes, levando a um aumento da fé e da confiança do público nelas. Esse aumento foi alimentado pela crescente conscientização e adoção das criptomoedas e pela compra especulativa de investidores institucionais e de varejo. As pessoas ficaram surpresas e esperançosas com o aumento do preço. Entretanto, essa alta de preços foi seguida por uma correção significativa do mercado, com o preço do Bitcoin despencando mais de 50% nos meses seguintes. Os principais investidores, economistas, governos e cientistas começaram a perceber o aumento no valor do Bitcoin. Outras entidades também perceberam o potencial do Bitcoin e começaram a desenvolver criptomoedas para competir com ele. Após seu pico em dezembro de 2017, o preço do Bitcoin entrou em um mercado em baixa prolongado, caracterizado por uma série de quedas acentuadas de preço. Em dezembro de 2018, o preço do Bitcoin caiu para cerca de US$ 3.000, o que representa uma queda substancial em relação às máximas anteriores. Essa queda foi atribuída a diferentes fatores, incluindo incertezas regulatórias, violações de segurança em bolsas de criptomoedas e preocupações sobre a viabilidade de longo prazo das criptomoedas.

Enquanto Roger ainda estava estudando a grande oscilação de preço no valor do Bitcoin em 2017 e suas razões subjacentes, seu celular apitou, indicando uma notificação futura. Tratava-se de uma notícia em que a manchete apareceu em seu telefone: "O aumento do Bitcoin para US$ 73 mil colocou 99,76% das entidades em lucro, sinalizando a fase madura de um mercado em alta".[82]

"Que coincidência! Será que estamos diante de outro crash depois de um aumento extraordinário?", pensou ele ao clicar na notícia para explorar os detalhes completos. Ela revelou que, nos anos seguintes ao mercado em baixa de 2017-2018, o Bitcoin experimentou uma recuperação gradual, com seu preço subindo gradualmente de volta para seus máximos anteriores.

Em março de 2024, o preço do Bitcoin ultrapassou seu recorde histórico anterior, atingindo um novo pico de quase US$ 72.000 por BTC.[83] Em primeiro lugar, Roger achava que se tratava de outro aumento temporário de preços motivado por fatores incomuns.

No entanto, mais tarde ele percebeu que o ressurgimento foi impulsionado por diversos fatores, incluindo o aumento da adoção institucional, o crescente interesse dos investidores de varejo e as incertezas macroeconômicas que levaram os investidores a buscar reservas alternativas de valor.

Roger acreditava que isso poderia ser devido a diversos fatores, como o aumento da adoção institucional, já que cada vez mais instituições financeiras estão começando a investir em Bitcoin. Além disso, o Bitcoin é uma proteção contra a inflação, semelhante ao ouro, o que poderia atraí-los durante a incerteza econômica. Além disso, inovações e avanços na rede Bitcoin ou em tecnologias relacionadas também podem estar alimentando um interesse renovado.

De repente, Roger se lembrou do *halving* do Bitcoin, que estava previsto para acontecer em abril de 2024. Ele sabia o quanto esse evento era importante na história das criptomoedas para garantir seu fornecimento limitado. Ele também sabia que isso tinha implicações importantes para a dinâmica de fornecimento e o preço do Bitcoin. Após um aumento maciço no valor do Bitcoin, considerando o registro histórico, ele sabia que o *halving* sempre teve um impacto significativo no valor do Bitcoin. Portanto, ele sabia que o próximo *halving* poderia aumentar ainda mais o preço do Bitcoin, atingindo uma nova alta histórica.

"O halving *do bitcoin é um evento periódico que ocorre depois que cada 210.000 blocos de bitcoin são minerados."*[84]

Considerando o fato de que leva cerca de dez minutos para que um bloco de Bitcoin seja minerado, 210.000 blocos são minerados em cerca de quatro anos e, portanto, o *halving* do Bitcoin ocorre a cada quatro anos. Como o último *halving* ocorreu em 2020, espera-se que o próximo ocorra em 2024, por volta de meados de abril. O *halving* do Bitcoin é um evento pré-programado incorporado ao protocolo do Bitcoin que ocorre automaticamente quando o limite definido de blocos é minerado. Durante o *halving*, o número de novos Bitcoins criados a cada bloco minerado é reduzido pela metade, diminuindo a taxa de entrada de novos Bitcoins em circulação.

Como o Bitcoin opera em um cronograma de fornecimento deflacionário, com um limite máximo de 21 milhões de Bitcoins que podem ser criados, o evento de *halving* é crucial para reduzir gradualmente a taxa de emissão de novos Bitcoins, levando, em última análise, a um fornecimento fixo e finito. Quando ocorre o *halving*, a recompensa de bloco dos mineradores pela mineração bem-sucedida de um novo bloco é cortada pela metade.

Isso significa que os mineradores recebem menos Bitcoins como recompensa por seus esforços computacionais, reduzindo a taxa de criação de novos Bitcoins. Como o *halving* cria uma escassez de Bitcoins disponíveis em circulação, ele reduz a oferta e, em última análise, leva a um fator de alta para o preço do Bitcoin, aumentando-o significativamente. O evento de *halving* cria escassez e pode potencialmente aumentar a demanda em relação à oferta. Isso significa que, como os mineradores recebem atualmente 6,25 Bitcoins por cada bloco minerado, durante o evento do *halving* em 2024, a recompensa será cortada pela metade, caindo para 3,125 Bitcoins por bloco.

Uma rápida olhada no impacto do preço do evento de *halving* revelou que, todas as vezes, um aumento de preço seguia o evento de *halving*, mesmo que fosse temporário, e o novo preço se estabelecia em uma média mais alta do que antes. Ele descobriu que, durante o *halving* de 2012, o preço passou de US$ 13 para US$ 1.152 no ano seguinte. A mesma tendência continuou durante o próximo evento de *halving* em 2016, quando o preço passou de cerca de US$ 664 para US$ 17.760 nos dois anos seguintes. Ele também se lembrou do evento de *halving* que ocorreu durante a pandemia global, que ainda levou a um aumento de preço impressionante de cerca de US$ 9.734 para US$ 67.549.

No entanto, os fatores de risco não podiam negar o potencial que as criptomoedas têm para os investidores. Robert se lembrou da surpreendente história de Glauber Contessoto, o "SlumDoge Milionário", que passou da pobreza à riqueza com cripto.

Vindo de uma família humilde, Glauber definiu seu estilo de vida como realmente pobre quando sua família se mudou do

Brasil para os EUA. Ele conheceu as criptomoedas em 2021, quando ouviu falar do Dogecoin e decidiu investir nele. Sem dinheiro disponível, ele teve de vender quase todas as suas ações e pedir alguns fundos emprestados para comprar Dogecoin. Alguns meses depois, os tweets de Elon Musk fizeram o preço do Dogecoin disparar, subindo 37% em 24 horas.[85] O aumento repentino fez de Glauber Contessoto um cripto milionário. Ele encontrou outro investidor, a história do Sr. Smith, ainda mais inspiradora, que realizou seu sonho de viajar pelo mundo com seu investimento em cripto. Smith, um engenheiro de *software*, trabalhava em uma grande empresa de tecnologia no Vale do Silício e tinha uma boa renda. Em 2010, quando o preço do Bitcoin era de apenas 5 centavos, ele comprou 20.000 Bitcoins por US$ 3.000.

Foi um experimento para testar o potencial de crescimento das criptomoedas, e Smith queria mantê-las por um longo prazo para dar a elas oportunidades suficientes de crescimento. Três anos depois, ele viu a notícia de um aumento de 10% no preço em um único dia e vendeu cerca de 2.000 moedas. Alguns dias depois, o preço chegou a US$ 800 e ele vendeu mais 2.000 moedas. Depois de ganhar US$ 2,3 milhões com seu negócio e muitos Bitcoins ainda em mãos, ele deixou o emprego e saiu em uma viagem ao redor do mundo. Um investimento experimental o levou a perseguir seu sonho e a viver uma vida de luxo em questão de dias.

Essas histórias de sucesso poderiam parecer boas demais para serem verdadeiras se Roger não as tivesse testemunhado pessoalmente. Uma de suas amigas, Rachel, que era apenas uma professora, fez fortuna no setor de cripto com um investimento inicial escasso. Ele ainda se lembrava de quando ela vivia de salário em salário em um apartamento alugado e não sabia nada sobre criptomoedas. No entanto, depois de participar de uma pós-festa em uma conferência de criptomoedas, decidiu tentar a sorte no investimento em cripto. Ela começou a colocar suas sobras de salário de apenas US$ 25 em criptomoedas e a calcular a média do custo em dólares. Após alguns anos, o valor de suas participações cresceu enormemente, atingindo a faixa de sete dígitos e mudando sua vida. O histórico de preços revelou que o mercado de criptomoedas experimentou um aumento meteórico na capitalização de mercado de bilhões para trilhões de dólares nos últimos anos.[86] Antes de 2021, a capitalização total do mercado de criptomoedas girava em torno de bilhões de dólares durante diversos anos. Embora o Bitcoin tenha registrado um crescimento significativo, o mercado geral permaneceu relativamente pequeno em comparação com as classes de ativos tradicionais. O ano de 2021 testemunhou um aumento histórico no mercado de cripto. Diversos fatores impulsionaram esse crescimento, incluindo o aumento da adoção institucional, o interesse dos investidores de varejo e o risco de DeFi e NFTs. No final de 2021, a capitalização de mercado total das criptomoedas atingiu um pico orçado em US$ 3 a 4 trilhões. O próprio Bitcoin ultrapassou a capitalização de mercado de US$ 1 trilhão pela primeira vez.

Depois de observar as flutuações de preço dos Bitcoins ao longo dos anos, a pergunta que surgiu na mente de Roger foi por que o Bitcoin havia atingido o maior valor de todos os tempos (ATH) em relação a algumas das principais moedas, mas não necessariamente em relação ao dólar americano (USD).

Algumas pesquisas detalhadas revelaram que o dólar americano é atualmente considerado uma moeda forte em comparação com algumas outras. Diversos fatores, como o aumento das taxas de juros nos EUA e a incerteza econômica global, podem aumentar a demanda pelo dólar americano.

Essa força pode fazer com que o Bitcoin pareça relativamente mais fraco em relação ao dólar, mesmo que seu preço em termos de dólar ainda seja alto. Além disso, se outras moedas importantes, como o euro (EUR) ou o iene japonês (JPY), estiverem enfraquecidas devido a fatores econômicos específicos em seus respectivos países, o valor do Bitcoin em relação a essas moedas poderá aumentar. Isso não refletiria necessariamente um aumento no valor do Bitcoin em si, mas sim uma diminuição no valor da outra moeda. Por exemplo, se o preço do Bitcoin for de US$ 65.000 e o dólar americano se fortalecer devido ao aumento das taxas de juros, talvez sejam necessárias mais moedas de outras moedas, como o euro (EUR) ou o iene (JPY), para comprar a mesma quantidade de Bitcoin. Isso faria com que o preço do Bitcoin parecesse mais alto em relação a essas moedas. Por outro lado, se outras moedas se enfraquecerem devido a situações econômicas específicas, poderá ser necessário menos euros ou ienes para comprar a mesma quantidade de Bitcoin. Isso faria com que o Bitcoin parecesse ter atingido uma alta histórica em relação a essas moedas.

Como o preço do Bitcoin é determinado pela oferta e demanda nas bolsas de criptomoedas, a atividade de negociação pode alterar temporariamente o preço do Bitcoin nessas moedas. Por exemplo, o preço que você vê pode ser cotado em um par de negociação específico, como BTC/EUR ou BTC/JPY.

Uma das lições mais valiosas que Roger aprendeu em sua jornada de investimento em cripto foi a importância de garantir a segurança dos ativos digitais. Depois de estudar tanto sobre criptomoedas, ele sabia que, como investidor, você é responsável apenas pela segurança de seus ativos digitais, e uma das maneiras de garantir a segurança deles é escolher a carteira de cripto certa para eles. Ao se aprofundar nos tipos de carteiras para armazenar e gerenciar criptomoedas com eficiência, ele se deparou com carteiras de custódia, de autocustódia e dispositivos de armazenamento a frio, cada uma com seu próprio conjunto de vantagens e considerações.

"As carteiras de custódia são serviços de carteira oferecidos por uma empresa centralizada, como uma bolsa de criptomoedas."[87]

Ele entendeu que, em um acordo de carteira de custódia, o provedor de serviços detém as chaves privadas necessárias para acessar e controlar as criptomoedas do usuário em seu nome. O usuário individual não é responsável por proteger a chave privada da carteira. Em vez disso, ele confia no provedor de serviços para proteger seus ativos e realizar transações, o que as torna convenientes para iniciantes ou para aqueles que preferem delegar a responsabilidade de gerenciar seus acervos de criptomoedas.

Além das vantagens aparentes das carteiras de custódia, ele percebeu que elas apresentavam certos riscos, inclusive a possibilidade de invasão, roubo ou perda de fundos se as medidas de segurança do provedor de serviços fossem comprometidas.

Por outro lado, existem as carteiras com custódia própria, também conhecidas como carteiras sem custódia. Elas dão aos usuários controle total sobre suas criptomoedas, permitindo que eles gerenciem suas chaves de sementes privadas de forma independente. As carteiras de autocustódia permitem que os usuários gerem e armazenem suas chaves privadas com segurança em seus próprios dispositivos, como carteiras de *hardware*, carteiras de computador ou carteiras móveis. Portanto, os usuários têm a responsabilidade exclusiva de proteger suas chaves privadas e garantir a segurança de suas carteiras. Isso torna as carteiras com custódia própria menos suscetíveis a *hacking* ou acesso não autorizado em comparação com as alternativas com custódia.

Entre as diferentes carteiras de criptomoedas disponíveis para os usuários, nem todas são autocustodiais. Em vez disso, algumas carteiras, especialmente as fornecidas por bolsas centralizadas ou serviços de carteira on-line, operam em um modelo de custódia em que o provedor de serviços controla as chaves privadas. Para garantir o máximo de segurança, ele percebeu que os usuários devem ser cuidadosos ao avaliar os recursos, as medidas de segurança e os arranjos de custódia de qualquer solução de carteira que escolherem.

Inicialmente, Roger considerou que as carteiras de custódia eram as mais viáveis; no entanto, mais tarde, ele percebeu que elas também apresentavam alguns riscos inerentes. O principal risco associado às carteiras de custódia são suas vulnerabilidades de segurança. Como os usuários confiam suas chaves privadas a provedores de serviços terceirizados, essas carteiras são suscetíveis a violações de segurança, *hacking* e roubo. Além disso, os usuários enfrentam o risco da contraparte, em que o provedor de serviços de custódia pode sofrer fraude, falência ou problemas operacionais. Isso pode levar a uma possível perda ou congelamento de fundos. Os serviços de custódia podem exigir que os usuários cumpram requisitos regulatórios, como verificação de identidade e procedimentos KYC. Isso acarreta o risco de comprometer a privacidade e o anonimato do usuário.

Por outro lado, alguns dos motivos que ele considerou que justificam o uso de uma carteira com custódia própria foram o aumento da segurança, a descentralização, a preservação da privacidade e a resistência a riscos de terceiros. As carteiras com custódia própria oferecem maior segurança e controle sobre os acervos de criptomoedas, permitindo que os usuários gerenciem suas chaves privadas de forma independente. Além disso, elas se alinham com a natureza descentralizada das criptomoedas, proporcionando aos usuários propriedade e soberania sobre seus ativos sem depender de intermediários ou autoridades centralizadas. Ao eliminar a dependência de prestadores de serviços terceirizados, as carteiras com autocustódia reduzem o risco de contraparte e isolam os usuários de possíveis interrupções ou falhas das plataformas de custódia. Essas carteiras atendem aos riscos associados às carteiras de custódia e, portanto, apresentam uma solução mais viável para os usuários. O usuário é então responsável por sua segurança e pelos *backups* das chaves de semente, bem como pela manutenção de seu portfólio de cripto.

Depois de explorar diferentes tipos de carteiras de criptomoedas, Roger analisou os recursos, a funcionalidade e os acordos de custódia de sua carteira. Ele procurou indicadores como a propriedade de chaves privadas, a ausência de intermediários de terceiros e a adesão aos princípios de descentralização e capacitação do usuário. Ele percebeu que estava usando uma carteira de autocustódia.

Um dia, enquanto participava de uma discussão on-line, Roger viu alguém perguntar sobre carteiras de criptomoedas. Ao ver a pergunta, ele não conseguiu evitar que seus dedos digitassem a resposta. Ele sabia como era importante ter as informações corretas sobre carteiras de criptomoedas antes de entrar no mundo das criptomoedas. Atualizando seu conhecimento, ele começou a digitar,

"As carteiras de criptomoedas podem ser de dois tipos: *hot wallets* de cripto e *cold wallets* de cripto. A característica distintiva entre uma *hot wallet* de cripto e uma *cold wallet* é que uma *hot wallet* de cripto é uma carteira on-line que está sempre conectada à Internet. Por outro lado, uma *cold wallet* de cripto é uma carteira totalmente off-line que armazena suas criptos off-line. Considere uma *cold wallet* como um escudo que aumenta a segurança de seu ativo digital. Como as chaves de semente privadas são criadas e mantidas off-line, elas são comparativamente menos propensas a tentativas de invasão on-line. Uma *hot wallet* de cripto é conectada à Internet e pode ser acessada por meio de programas de *software*, enquanto uma *cold wallet* de cripto é totalmente off-line e acessível por meio de dispositivos de *hardware*."

"Você pode me dar alguns exemplos?" perguntou o usuário.

"Claro! Alguns dos exemplos mais comuns de *hot wallets* incluem a Coinbase Wallet, Exodus Wallet, MetaMask, Edge, Robinhood e Trust Wallet. Seja *hot wallet* ou *cold wallet*, uma carteira de criptomoedas opera com base em uma combinação de princípios criptográficos e tecnologia blockchain. Quando você cria uma carteira de criptomoedas, o *software* gera um par de chaves criptográficas públicas e privadas. A chave pública funciona como o endereço da sua carteira, que você pode compartilhar com outras pessoas para receber fundos. A chave privada é como uma senha que concede acesso aos seus fundos, mas deve ser mantida em segredo. As chaves são armazenadas digitalmente em uma *hot wallet* em um dispositivo conectado à Internet, como um computador ou smartphone. Enquanto isso, as chaves são armazenadas off-line em uma *cold wallet*, normalmente em um dispositivo físico ou papel. Você usa sua chave privada para assinar uma transação para enviar ou gastar criptomoedas de sua carteira. Essa transação inclui a chave pública do destinatário, a quantidade de criptomoedas a ser transferida e quaisquer dados adicionais exigidos pela rede blockchain."

"Qual delas você sugeriria escolher entre eles?"

"Não vou sugerir nenhuma. Ao escolher uma *hot wallet*, você deve estar atento a diferentes fatores. Por exemplo, o design da carteira, sua taxa e as opções de integração disponíveis. Da mesma forma, as *cold wallets* têm suas limitações e considerações. Sugiro que você pesquise todas as opções disponíveis antes de escolher a que melhor atenda às suas necessidades, mas o ideal é ter uma combinação de soluções de armazenamento quente e frio para seu portfólio", disse Roger.

Ele relembrou os prós e contras das *hot wallets* que experimentou quando usou uma. Como as *hot wallets* eram baseadas na Internet, elas permitiam fácil acesso para que os usuários realizassem diversas atividades com eficiência e em vários dispositivos. A melhor coisa que Roger descobriu sobre as *hot wallets* foi o fato de que seu uso era basicamente gratuito; no entanto, mais tarde ele descobriu algumas carteiras que exigiam o pagamento de juros sobre as criptomoedas armazenadas.

No entanto, as *hot wallets* tinham suas desvantagens. Inicialmente, Roger se deparou com algumas *hot wallets* não criptografadas e percebeu que elas não eram tão confiáveis quanto as criptografadas. Além de serem vulneráveis a *hacks*, algumas *hot wallets* tinham restrições legais e eram acessíveis somente em locais específicos sem o uso de uma VPN.

"Pelo menos as *cold wallets* não eram tão suscetíveis a *hackers* por estarem totalmente off-line", pensou ele. Os incidentes de *hacking* e ataques cibernéticos foram o principal motivo pelo qual as *cold wallets* ganharam rápida adoção e popularidade. Ele se lembrou dos dispositivos de *hardware* semelhantes a *pen drives*, como um livro-razão; era assim que as *cold wallets* se pareciam, custando em torno de US$ 50 a US$ 200. As *cold wallets* estão disponíveis em diferentes tipos, incluindo carteiras de papel, carteiras de *hardware*, técnicas de armazenamento a frio profundo e carteiras com várias assinaturas. As carteiras de papel têm a forma de um documento com chaves públicas e privadas e um QR Code impresso nelas para facilitar as transações. As carteiras de *hardware* são simplesmente dispositivos USB ou inteligentes. Por outro lado, o armazenamento a frio profundo aumenta a segurança da wallet. Ele facilita o acesso de pessoas que precisam de acesso mínimo às suas carteiras, armazenando carteiras de *hardware* em cofres ou separando geograficamente partes de suas chaves de semente para essas carteiras.

"Seja *hot wallet* ou *cold wallet*, a escolha do tipo certo de carteira depende de fatores como preferências de segurança, conveniência e frequência das transações. Eu prefiro usar uma combinação de *hot wallets* e múltiplas *cold wallets/hardware* para meu portfólio de investimentos. De acordo com minha experiência e sugestões de especialistas, a melhor prática de segurança é usar carteiras de custódia ou *hot wallets* de *software* para transações *on-ramping* e *off-ramping* para converter cripto em fiat e vice-versa. As *hot wallets* são normalmente mais convenientes para uso frequente e fornecem um modo rápido para transferência rápida e fácil de fundos.

Como as transações regulares são em quantias menores, a perda ainda pode ser suportável em comparação com a perda de grandes quantias de fundos em sua carteira. Depois de concluir as transações, você pode usar com segurança as carteiras de *hardware* para armazenar seus fundos de cripto a longo prazo."

"E deixe-me esclarecer uma coisa. A escolha da carteira de cripto certa é apenas o primeiro passo para o armazenamento eficaz de cripto. Embora as *cold wallets* ofereçam recursos de segurança aprimorados em comparação com as *hot wallets*, elas ainda exigem manuseio e guarda cuidadosos para evitar perdas ou danos. A proteção e o *backup* adequados das chaves privadas garantem o acesso aos ativos digitais armazenados em *cold wallets*. Você pode encontrar inúmeras carteiras de Bitcoin inativas cujos proprietários esqueceram ou perderam suas chaves privadas. Portanto, é necessário fazer o *backup* da *seed phrase* de sua carteira cripto, que é sua frase secreta de recuperação. Uma *seed phrase* é uma série de 12 a 24 palavras aleatórias que servem como seu último recurso para desbloquear sua carteira de criptomoedas e suas chaves privadas.[88] Essa chave geralmente é gerada pelo *software* de sua carteira de cripto e derivada de suas chaves privadas. Considere-a como a senha mestra de sua carteira digital. Após sua criação, é imperativo registrá-la com precisão", acrescentou.

"Nunca soube disso. Obrigado, amigo", respondeu o usuário.

"Mas acho que preciso enfatizar mais a importância de garantir a segurança de sua *seed phrase* de recuperação. Lembre-se de que perder sua *seed phrase* de recuperação significa perder todos os seus fundos de criptomoedas armazenados na carteira, e ninguém poderá ajudá-lo a recuperá-los. E se outra pessoa tiver acesso à sua *seed phrase*, ela poderá usá-la para acessar sua carteira e todos os fundos armazenados nela. As criptos têm tudo a ver com autocustódia, portanto, tenha sempre um *backup*", escreveu Roger.

"Onde você sugere que eu armazene minha *seed phrase* de recuperação, então?", perguntou o usuário.

"Bem, manter seu *backup* de *seed phrase* em papel não é viável, pois ele pode ser facilmente perdido ou destruído. Você precisa manter seu *backup* de uma forma que seja à prova de água, choque, *hackers* e fogo. Recomendo armazená-lo ou gravá-lo em um cartão de metal para garantir a longevidade. Em seguida, certifique-se de armazená-lo em um cofre ou em um container à prova de fogo", escreveu ele. "E não o compartilhe com ninguém, não o armazene em nenhum serviço baseado em nuvem, nem em nada conectado à Internet. Caso contrário, ele ficará suscetível a ameaças de segurança on-line e ataques de *hackers*", acrescentou. Algumas outras pessoas também se juntaram à conversa e começaram a compartilhar suas práticas recomendadas para o armazenamento da *seed phrase* de recuperação. Elas também mencionaram alguns nomes de soluções populares de *backup* de chave de semente de metal, como Billfodl, Cryptosteel, ColdTi e Bitkee. Antes de encerrar a discussão, Roger sentiu a necessidade de mencionar que a melhor prática seria usar uma carteira de *hardware*, como um livro-razão, para fazer transações e, em seguida, revogar os contratos aprovados após a conclusão da transação. Manter as chaves privadas totalmente off-line ao enviar, receber ou trocar criptoativos seria a melhor maneira de se proteger contra ameaças e ataques à segurança on-line.

Enquanto desligava o computador, Roger estava pensando na evolução do ecossistema de criptomoedas. O mercado de criptomoedas continua a evoluir, com avanços tecnológicos contínuos, discussões regulatórias e o interesse dos investidores moldando seu futuro. Por ser altamente dinâmico, ele tende a flutuar rapidamente. Embora a capitalização de mercado esteja atualmente na casa dos trilhões, o risco de volatilidade e o potencial de crescimento e inovação persistem.

Capítulo 7: Ascensão de Criptoativos e Oportunidades

"Você não sabe sobre NFTs? O que você está fazendo no mundo, mano?"

Roger estava tomando um café quente em sua cafeteria favorita quando ouviu um grupo de jovens discutindo sobre NFTs. A conversa deles naturalmente chamou sua atenção, pois estavam sentados bem ao seu lado. Assim que um deles mencionou que não sabia sobre as NFTs, os outros começaram a vaiar em voz alta e a zombar.

"Ei, acalmem-se, pessoal. Deixem-me explicar", disse um dos rapazes calmamente.

"Presumo que pelo menos vocês saibam que as NFTs são *tokens* não fungíveis. Elas são ativos verificados pela blockchain que não podem ser replicados ou corrompidos", disse ele.

"Ao contrário do dinheiro físico e das criptomoedas, eles não podem ser trocados ou negociados uns pelos outros", explicou. "Cada NFT é único e pode ser qualquer coisa, inclusive uma foto, vídeo, arquivos de áudio, arte, objetos de coleção e outros ativos digitais."

Todos os tipos de pessoas, inclusive celebridades, entraram na onda das NFTs, atraídos por sua ascensão meteórica em termos de fama e valor. Elas provavelmente desejavam aproveitar o valor crescente das NFTs e fazer fortuna; no entanto, pouco tempo depois, seus investimentos as tornaram as maiores perdedoras.

"Você já ouviu falar sobre o investimento de US$ 1,3 milhão de Justin Bieber na Bored Ape NFT? Em apenas um ano, seu valor caiu para US$ 60.000."

"E ele não está sozinho. A história de Sina Estavi é ainda mais trágica. Ele comprou a versão "tokenizada" do primeiro tweet de Jack Dorsey e o chamou de Mona Lisa do mundo digital. Agora, ele está prestes a perder tudo, pois não conseguiu encontrar uma oferta razoável. Da última vez que verifiquei, ela havia atingido seu novo mínimo histórico, com valor de US$ 3,77."

"Ouvi o mesmo sobre Madonna, Eminem e Neymar Jr. também. Eles investiram grandes quantias na Bored Ape Yacht Collection e acabaram perdendo todo o dinheiro investido. O entusiasmo inicial fez com que todos ficassem loucos para multiplicar seus investimentos, mas agora que o entusiasmo diminuiu, os investidores estão procurando uma maneira de se livrar de seus NFTs e minimizar a perda."

"É claro, o que você esperaria depois de uma queda de quase 90% em seus investimentos?"

A conversa levou Roger a pensar em alguns anos atrás, quando a Quantum ganhou as manchetes em 2014 como a primeira NFT do mundo. Naquela época, ninguém sabia que ele poderia ser vendido por US$ 1,47 milhão apenas sete anos depois. Em 2015, o Spell of Genesis ficou famoso como o primeiro jogo de cartas colecionáveis blockchain. Ele foi seguido por Rare Pepes em 2016. Esses cartões colecionáveis facilitaram a criação do primeiro mercado de arte criptográfica. Mais tarde, em 2017, o CryptoPunks ganhou destaque como um dos primeiros projetos de arte generativa mais populares que inspiraram a criação do ERC-721. Um dos primeiros jogos de NFT criados na Ethereum, o CryptoKitties, foi lançado no mesmo ano. Ele ganhou ampla atenção da mídia e grande tração das pessoas. Também facilitou a criação do Axie Infinity, um dos primeiros jogos de NFT baseados na Ethereum, baseado no modelo "jogar para ganhar". Os primeiros avanços prepararam o terreno para inovações futuras, como Decentraland, NBA Top Shot e Art Blocks em 2020 e Bored Ape Yacht Club em 2021. Atribui-se ao famoso Bored Ape Yacht Club o início da mania dos avatares e a consolidação das NFTs como um fenômeno da cultura pop, algo que obrigou até mesmo celebridades a investir em NFTs e, por fim, enfrentar perdas maciças.

"Sinto que a ascensão meteórica das NFTs em 2021 estava destinada a terminar em um banho de sangue que aconteceu em 2022. Embora o BTC tenha se recuperado depois de ir pelo ralo, as NFTs nunca puderam se recuperar. Seus preços continuaram caindo. Acho que nunca mais vai se recuperar". A discussão dos meninos fez com que ele voltasse sua atenção para o presente enquanto saboreava o donut que havia sobrado.

"Nunca se sabe. Como é volátil, pode ser de qualquer jeito. Pode ser que recupere algumas de suas perdas em um futuro próximo. O rapaz disse: "A discussão agora mudou para outros tópicos, enquanto Roger achava que provavelmente havia uma falha no marketing das NFTs. Como elas eram anunciadas apenas como um produto obrigatório para os ultrarricos, os investidores nunca perceberam seu verdadeiro potencial".

Roger acreditava que nunca se pode ter certeza de que o valor das NFTs diminuiu, independentemente das flutuações e dos desafios enfrentados no mercado. Embora o hype e o frenesi especulativo possam ter diminuído, as NFTs ainda oferecem oportunidades exclusivas para criadores, colecionadores e investidores na forma de propriedade digital, expressão criativa, colecionabilidade e escassez, além de inovação e experimentação. Embora o mercado de NFTs possa ter passado por períodos de volatilidade e incerteza, a proposta de valor subjacente ainda pode ser atraente para os participantes do ecossistema.

Nas finanças descentralizadas (DeFi), os protocolos de empréstimo são regidos por algoritmos predefinidos que facilitam os empréstimos automáticos, permitindo que os usuários façam alavancagem.[89]

Ao procurar plataformas de empréstimo descentralizadas, Roger se deparou com o Aave, um protocolo baseado em Ethereum e uma plataforma descentralizada de empréstimo de cripto que oferece empréstimos automatizados de cripto. No entanto, ela exige garantias na forma de criptomoedas. Qualquer pessoa que queira emprestar criptomoedas deve depositar uma criptomoeda e emprestar outras. As criptomoedas oferecidas como empréstimo são limitadas apenas a uma determinada porcentagem do valor da garantia (empréstimo-valor). Como a Aave utiliza contratos inteligentes, o processo de empréstimo e tarefas como o cálculo do prazo do empréstimo, o cálculo da garantia depositada e a distribuição de criptomoedas são automatizados. Os contratos inteligentes facilitam a eliminação do intermediário terceirizado, levando a transações descentralizadas. Os credores também podem usar essa plataforma depositando seus fundos e ganhando juros sobre eles. O *token* nativo oferecido pela Aave é chamado AAVE, que pode render juros por meio de staking.

O impacto da liquidação ainda está presente nas transações da Aave. Se o valor da garantia depositada pelos tomadores de empréstimo cair muito, a garantia poderá ser liquidada. A estrutura operacional da Aave também foi interessante. Em vez de combinar diretamente credores e devedores, a Aave permite que credores e devedores depositem seus fundos de cripto nos *pools* de liquidez, a partir dos quais os ativos são emprestados a devedores qualificados.

Os Automated Market Makers (AMM) mantêm a liquidez do ecossistema DeFi. Eles usam *pools* de liquidez, permitindo que os usuários depositem criptomoedas e facilitando a liquidez. Diferentemente dos mercados tradicionais de compra e venda, os AMMs facilitam a negociação automática de ativos digitais sem a necessidade de permissão. A estrutura por trás dessa tecnologia implica que o controle não deve ser exclusivo de ninguém, e qualquer pessoa deve ter permissão para participar.

As bolsas descentralizadas (DEXs) sempre enfrentaram problemas de liquidez. A AMM abordou esses desafios permitindo que a liquidez dos *pools* de liquidez fosse determinada pelo número de ativos neles contidos.

Quanto maior for o número de ativos em um *pool*, maior será a liquidez e mais fácil será a negociação. Entretanto, a liquidez contínua proporcionada pelas AMMs não é sua única vantagem. Além de possibilitar a negociação de moedas menos populares, as AMMs também tornam a negociação acessível, permitindo que todos participem da negociação, fornecendo-lhes liquidez. As taxas também são comparativamente mais baixas do que as das bolsas tradicionais. Como geralmente operam sem nenhuma interferência centralizada, elas oferecem maior controle e autonomia aos usuários.

Vitalik Buterin também enfatizou a necessidade de que as AMMs não sejam a única opção disponível para negociação descentralizada.[90] Em vez disso, ele destacou a necessidade de muitas outras formas de negociar *tokens*. Por fim, foram lançadas três variações de criadores de mercado automatizados, a saber, Uniswap, Curve e Balancer. O modelo mais duradouro entre eles é o Uniswap, que permite aos usuários criar um *pool* de liquidez com qualquer par de *tokens* ERC-20 em uma proporção de 50/50.

A bolsa de cripto descentralizada (parcialmente financiada pela Binance Labs) PancakeSwap é conhecida por suas baixas taxas e transações rápidas, onde qualquer pessoa com uma carteira de cripto pode trocar *tokens* ou apostá-los em troca de recompensas.[91] Suas altas taxas de recompensa o tornaram extremamente popular em 2021; no entanto, ele também ganhou a atenção de golpistas, que logo o transformaram em um paraíso para esquemas de *pump-and-dump*. Sendo uma plataforma de criação de mercado automatizada, o PancakeSwap tem quatro recursos principais: negociar *tokens* de cripto, ganhar recompensas, ganhar prêmios e comprar NFTs. O PancakeSwap é mais popular do que outras plataformas AMM no ecossistema porque foi criado na BNB Smart Chain, que mantém as taxas baixas e facilita o processamento mais rápido das transações. A Binance Smart Chain (BSC) é uma rede blockchain desenvolvida pela Binance, uma das maiores bolsas de criptomoedas do mundo. Lançada em setembro de 2020, a BSC foi projetada para fornecer uma plataforma de alto desempenho e baixo custo para a criação de aplicativos descentralizados (DApps) e execução de contratos inteligentes. Ela opera como uma cadeia paralela à Binance Chain, oferecendo compatibilidade com a Máquina Virtual Ethereum (EVM) e suportando as ferramentas do ecossistema Ethereum, incluindo carteiras, exploradores e ferramentas de desenvolvimento. A BSC apresenta um mecanismo de consenso conhecido como Prova de Autoridade em Participação (PoSA), que combina elementos dos algoritmos de consenso Prova de Participação (PoS) e Tolerância a Falhas Bizantinas (BFT). Esse mecanismo de consenso permite a finalização rápida das transações e o alto rendimento, com tempos de bloqueio de aproximadamente três segundos e taxas de transação significativamente menores do que as da rede Ethereum.[92]

Outros AMMs populares, o Uniswap e o SushiSwap, são baseados no Ethereum, que cobra taxas de gás mais altas e oferece velocidades de transação mais baixas devido a redes congestionadas. O SushiSwap é um protocolo de câmbio descentralizado (DEX) e um criador de mercado automatizado (AMM) desenvolvido na blockchain da Ethereum. No entanto, expandiu suas operações para outras redes de blockchain, incluindo a Polygon. Como uma das principais plataformas DEX, o SushiSwap permite que os usuários negociem uma ampla gama de *tokens*, forneçam liquidez a *pools* de liquidez e ganhem recompensas por meio de *yield farming*. Ao integrar-se ao Polygon, o SushiSwap aproveita a escalabilidade da rede e as baixas taxas de transação para oferecer aos usuários uma experiência de negociação mais eficiente e acessível.

Apenas alguns meses após sua criação, a BSC se tornou uma das maiores bolsas de cripto descentralizadas em termos do valor depositado por seus usuários. Como as altas taxas de gás da Ethereum criaram desafios de escalabilidade para a blockchain, uma solução foi formulada na forma da Polygon.[93] A *stack* de protocolos, Polygon, tinha como objetivo corrigir os problemas de escalabilidade da Ethereum e se tornou a força motriz por trás dos desenvolvimentos transformadores no espaço cripto. O Polygon, anteriormente conhecido como Matic Network, é uma solução de escalabilidade de camada dois para a Ethereum que visa melhorar a escala, reduzir os custos de transação e aprimorar a experiência do usuário na blockchain da Ethereum.[94] Ele consegue isso utilizando cadeias laterais, também conhecidas como "cadeias de confirmação", que são interoperáveis com a rede principal da Ethereum. O Polygon fornece aos desenvolvedores uma estrutura para implantar redes blockchain escaláveis e personalizáveis, permitindo a criação de aplicativos descentralizados (DApps) com alto rendimento e baixa latência.

Com o tempo, a Polygon se tornou a força motriz por trás dos desenvolvimentos transformadores no espaço cripto. A Preon é uma bolsa descentralizada (DEX) criada na rede Polygon. Como outras plataformas DEX, ela permite que os usuários negociem diferentes criptomoedas diretamente de suas carteiras sem intermediários. Aproveitando a escalabilidade da Polygon e as baixas taxas de transação, a Preon Finance visa oferecer aos usuários uma experiência de negociação perfeita e econômica. Os usuários podem trocar *tokens*, fornecer liquidez a *pools* de liquidez e ganhar recompensas no *token* nativo da Preon participando da governança da plataforma. É um protocolo de empréstimo a juros zero que oferece oportunidades únicas de empréstimo.

A Beefy Finance é uma plataforma descentralizada de otimização de rendimento que opera em diferentes redes blockchain, incluindo a Polygon. Ela automatiza o processo de maximização dos retornos da agricultura de rendimento, otimizando a composição de ativos em diferentes protocolos DeFi. Os usuários podem depositar seus ativos nos cofres da Beefy Finance, e os algoritmos da plataforma alocam automaticamente esses ativos para as oportunidades de produção agrícola mais lucrativas disponíveis na rede Polygon.

Usando o Beefy Finance, os usuários podem ganhar recompensas passivamente, sem gerenciar ativamente seus investimentos em DeFi.

É necessário ficar de olho nos principais projetos do ecossistema Polygon, pois eles exemplificam o potencial das finanças descentralizadas e da blockchain para mudar a forma como interagimos com o mundo físico.

Entre os principais projetos estão Aave, Gamma, QuickSwap e Superfluid. A Aave se destaca como uma pedra angular do espaço DeFi, oferecendo serviços descentralizados de empréstimo e empréstimo em diferentes blockchains, incluindo Polygon e Ethereum. Ela tem uma classificação alta em Valor Total Bloqueado (TVL) devido a seus incentivos de mineração de liquidez e interface simples. A Gamma, por outro lado, é uma maravilha de otimização de rendimento, fornecendo gerenciamento de liquidez automatizado e concentrado. O QuickSwap é conhecido por oferecer negociações rápidas a preços competitivos, classificando-o como um dos principais protocolos DeFi no Polygon. O Superfluid revolucionou os pagamentos na blockchain, permitindo que os usuários simplifiquem o gerenciamento de recompensas. Ele provou ser uma ferramenta essencial para a integração das criptomoedas na vida cotidiana. Além dessas opções, o Tangible se destaca por seus recursos exclusivos. É um ecossistema para ativos do mundo real "tokenizados" que utilizam USD real, uma *stablecoin* de rendimento nativo apoiada por imóveis.[95] A plataforma permite que os usuários comprem bens físicos valiosos usando dólares reais. A transação resulta na cunhagem de um *token* tangível não fungível (TNFT), que pode ser transferido, vendido ou trocado pelo item adquirido.

GameFi, abreviação de "Game Finance", refere-se à interseção da tecnologia blockchain, finanças descentralizadas (DeFi) e teoria dos jogos.[96] Ela combina elementos de jogos, como *tokens* não fungíveis (NFTs), ativos virtuais e mecânica de jogar para ganhar, com serviços financeiros como staking, empréstimos e *yield farming*. Seu objetivo é aumentar o interesse dos usuários em um determinado projeto de blockchain, aprofundando o relacionamento dos usuários com uma criptomoeda específica. A plataforma oferece aos jogadores a oportunidade de participar de diferentes atividades de jogo para ganhar recompensas. As recompensas podem incluir *tokens*, NFTs ou outros itens digitais colecionáveis. Eles podem então ser utilizados no jogo ou negociados em bolsas descentralizadas (DEXs) por outras criptomoedas.

Ao se aprofundar nas plataformas GameFi, Roger descobriu que essas plataformas geralmente apresentam jogos descentralizados, em que a propriedade e o controle dos ativos do jogo são registrados na blockchain. Essa estrutura garante transparência, segurança e interoperabilidade. Os jogadores podem comprar, vender e negociar esses ativos livremente, criando um ecossistema vibrante de economias virtuais. Além disso, os projetos de GameFi podem incorporar protocolos DeFi para oferecer serviços financeiros adicionais aos jogadores, como mineração de liquidez, produção agrícola e staking de *tokens.* Isso permite que os jogadores obtenham renda passiva enquanto se engajam em atividades de jogos.

A GameFi representa uma fusão inovadora de jogos e finanças descentralizadas, oferecendo novas oportunidades para os jogadores monetizarem suas experiências de jogo e participarem de economias digitais emergentes. Pensando em aproveitar o potencial do GameFi, Roger descobriu alguns jogos populares, como Axie Infinity e Decentraland. Ambos os jogos eram baseados no modelo P2E, com colecionáveis e NFTs como recompensas. Ele também encontrou outros jogos, incluindo The Sandbox, Cryptokitties, Gods Unchained e Splinterlands. Os tipos de jogos variavam; no entanto, todos eles utilizavam modelos P2E e permitiam que os jogadores ou usuários monetizassem sua experiência de jogo. Ele consultou alguns especialistas para obter conselhos sobre como acessar as plataformas GameFi. Eles o aconselharam a começar com um pequeno investimento de tempo e recursos nessas plataformas para testar seus recursos e políticas de saque. Isso permitirá que novos jogadores como ele avaliem a confiabilidade da plataforma sem correr o risco de sofrer perdas significativas.

Para ter uma experiência em primeira mão, Roger selecionou uma plataforma e verificou os requisitos. Ele precisou criar uma conta depois de compartilhar algumas informações pessoais básicas e configurar um endereço de carteira para receber e armazenar recompensas. Depois de jogar o jogo e coletar algumas recompensas, ele verificou o saldo em sua carteira. Embora as recompensas tenham sido transferidas para sua carteira, ele ainda não podia recuperá-las, pois o limite mínimo de saque ainda não havia sido atingido. Depois que o limite mínimo foi atingido, a plataforma não solicitou nenhuma taxa de saque adicional para a conversão dos prêmios ganhos. No entanto, ele descobriu algumas outras plataformas que exigiam taxas para converter os *tokens* ganhos em moeda fiduciária ou outros ativos digitais.

Ele também teve a oportunidade de discutir o Metaverso, a tecnologia que foi concebida para proporcionar aos usuários uma experiência real em um mundo semelhante a um videogame. Ao contrário da afirmação de Mark Zuckerberg de que o Metaverso seria o futuro da Internet, a tecnologia acabou se tornando uma moda passageira que não passou no teste do tempo e morreu pouco tempo depois de sua introdução. Apesar do entusiasmo em torno da introdução da plataforma, o Metaverso não conseguiu ter uma vida saudável e, mais tarde, descobriu-se que as ideias de negócios e as projeções de mercado que ele oferecia eram baseadas em promessas vagas. Apesar do entusiasmo inicial, as pessoas relutaram em usá-la quando tiveram a chance. Isso mostrou que a Meta não conseguiu convencer as pessoas a usar o produto no qual a empresa apostou seu futuro. À medida que o hype em torno da Inteligência Artificial generativa crescia, o charme do Metaverso começou a se esvair e acabou desaparecendo completamente. Considerando a falta de confiança e interesse das pessoas na tecnologia, as empresas que haviam adotado a ideia anteriormente também recuaram. Desde o Walmart, que encerrou seus projetos de Metaverso baseados no Roblox, até a Disney, que fechou sua divisão de Metaverso, a promessa do Metaverso de ser o futuro também acabou.[97]

***

Um dia, enquanto pesquisava as últimas tendências no ecossistema de criptomoedas, Roger viu diversas manchetes sobre *meme coins*. As *meme coins* também ganharam sua atenção devido à sua natureza única e popularidade. Ele sabia que elas tinham desempenhado um papel significativo na popularidade generalizada das criptomoedas. Ao pesquisar mais sobre elas, descobriu que as *meme coins*, como a Pepe e a Shiba Inu (SHIB), ganharam atenção significativa nas criptomoedas devido à sua natureza viral e ao marketing voltado para a comunidade. Essas moedas geralmente se originam de memes da Internet ou de referências da cultura popular e muitas vezes não têm utilidade fundamental ou valor intrínseco. A PepeCoin, por exemplo, tem o nome do famoso personagem da Internet Pepe the Frog e inicialmente ganhou popularidade como um meme em comunidades on-line específicas. Da mesma forma, a moeda Shiba Inu, inspirada no *meme coin* Dogecoin, apresenta a imagem da raça de cães Shiba Inu e conquistou um público dedicado.

Roger sabia que, antes de investir, ele deveria primeiro verificar as tendências e ver até que ponto os investidores perceberam seu potencial. Sua pesquisa revelou que, embora as *meme coins* possam atrair investidores em busca de lucros rápidos ou que participem da cultura meme, elas geralmente estão associadas à alta volatilidade e a negociações especulativas. Muitas *meme coins* carecem de casos de uso no mundo real ou de tecnologia subjacente, o que gera preocupações sobre sua sustentabilidade a longo prazo e seu potencial de manipulação.

Ele também percebeu que investir em *meme coins* traz riscos significativos, pois seu valor pode flutuar drasticamente com base nas tendências da mídia social, no endosso de celebridades e na especulação do mercado. Como as finanças descentralizadas não são regulamentadas, os protocolos DeFi são bem conhecidos pelos golpistas para ganhar dinheiro rápido. Além disso, o escrutínio regulatório e as vulnerabilidades de segurança representam desafios adicionais para os projetos de *meme coin*. Apesar desses riscos, as *meme coins* continuam a atrair atenção e investimento, alimentados pelo hype da mídia social e pela atividade de negociação especulativa. No entanto, os investidores devem ter cautela e realizar uma pesquisa completa antes de participar dos mercados de *meme coin*.

Uma maneira comum de os golpistas utilizarem esse método é por meio de esquemas de *pump-and-dump*. Esquemas de *pump-and-dump* envolvendo novas moedas são uma ocorrência comum no espaço das criptomoedas. Nesses esquemas, um grupo de investidores infla artificialmente o preço de uma criptomoeda recém-lançada ou de baixo volume coordenando a atividade de compra, geralmente por meio de plataformas de mídia social ou grupos de bate-papo. Quando o preço atinge um determinado nível, os orquestradores vendem suas participações, fazendo com que o preço caia e deixando outros investidores com perdas significativas. Esses esquemas exploram as táticas de manipulação do mercado e se aproveitam de investidores inexperientes, que podem ser vítimas do entusiasmo em torno de uma nova moeda.

Uma coisa que Roger notou durante sua jornada de exploração foi a grande popularidade dos canais do Telegram e do Discord. Os canais do Telegram e do Discord são plataformas de comunicação populares que os entusiastas e as comunidades de criptomoedas usam para discutir tendências de mercado, compartilhar estratégias de investimento e participar de ofertas iniciais de moedas (ICOs) ou vendas de *tokens*. Esses canais podem servir como fontes valiosas de informações e oportunidades de *networking* para investidores que buscam insights e oportunidades no espaço das criptomoedas. No entanto, eles também podem ser centros de desinformação, esquemas de *pump-and-dump* e atividades fraudulentas, destacando a importância de realizar uma pesquisa completa e ter cautela ao se engajar em tais comunidades.

Roger teve a sorte de conhecer esses esquemas de antemão, em vez de aprendê-los da maneira mais difícil. Um de seus amigos lhe contou sobre golpes envolvendo bloqueios de contratos e manipulação de liquidez que prevalecem no mercado de criptomoedas, especialmente em finanças descentralizadas (DeFi) e projetos de *token*. Nesses golpes, os desenvolvedores podem prometer altos retornos ou recursos inovadores para atrair investidores, mas desaparecem com os fundos dos investidores ou manipulam os *pools* de liquidez para inflar artificialmente os preços dos *tokens*. Os bloqueios de contrato, que restringem o acesso a funções ou fundos de contratos inteligentes, podem ser usados para criar uma falsa sensação de segurança entre os investidores. Ao mesmo tempo, a liquidez insuficiente pode tornar difícil para os investidores venderem seus *tokens* a preços justos de mercado.

Os maiores esquemas de fraudes criptográficas no DeFi incluíam o *"rug pull"* e o *"honeypot"*. O *"rug pull"* é o mesmo que seu nome indica. Investidores ou desenvolvedores com participações significativas no suprimento de *tokens* desempenham um papel importante na promoção da moeda e na criação de um hype. Eles podem aumentar artificialmente o valor de seu investimento e, em seguida, fazer com que ele caia drasticamente. A única maneira de minimizar o perigo de ser enganado é considerar a liquidez, a proporção dos principais detentores e a existência da função de cunhagem.

Um esquema ainda mais perigoso é o *honeypot*, em que os golpistas enganam os investidores para que invistam alguns fundos em um *token* aparentemente excelente e bloqueiem seu ETH ou BNB usando um contrato inteligente. Para se proteger desse golpe, é preciso primeiro analisar ou encontrar uma auditoria independente do código do contrato inteligente para garantir a imparcialidade e, em seguida, estimular a transação na DEX.

"Os contratos inteligentes são acordos autoexecutáveis que são armazenados em uma blockchain. Eles são usados para automatizar diferentes processos e transações e são usados em muitos aplicativos de blockchain, como finanças descentralizadas (DeFi), tokens *não fungíveis (NFTs) e muito mais."*[98]

Examinar a auditoria de contrato inteligente de um *token* é uma maneira eficaz de mitigar um *honeypot* e outros riscos. Uma auditoria de contrato inteligente envolve uma análise detalhada do código do contrato para determinar sua autenticidade. Quanto mais Roger aprendia sobre as diferentes técnicas de fraude, mais ele percebia a importância da devida diligência, do ceticismo e do gerenciamento de riscos ao investir em projetos de criptomoedas.

O início de 2024 testemunhou um momento decisivo para o investimento em criptomoedas com a tão esperada aprovação pela SEC de diversos ETFs de Bitcoin.[99] Como os especialistas já previram, a decisão abriu a porta para que os investidores comuns ganhassem exposição ao Bitcoin por meio de um caminho familiar: fundos negociáveis em contas de corretagem. Essa medida simplificou o investimento em cripto e, potencialmente, tornou-o mais seguro, eliminando a necessidade de interagir com as bolsas de criptomoedas, que podem estar sujeitas a riscos de segurança. Roger sabia que os ETFs de Bitcoin poderiam ser um divisor de águas nas criptomoedas. Suas expectativas se mostraram verdadeiras quando o lançamento dos ETFs de Bitcoin se mostrou um sucesso retumbante. Os volumes de negociação dispararam, refletindo um aumento no interesse dos investidores. Esses ETFs oferecem vantagens significativas em relação à compra direta de Bitcoin em uma bolsa, incluindo maior conveniência, segurança aprimorada e acessibilidade.

Roger descobriu que, com o obstáculo do ETF de Bitcoin superado, o foco dos investidores mudou para os ETFs de Ethereum. A Ethereum, a segunda maior criptomoedas, sustenta uma popular plataforma blockchain para aplicativos descentralizados (dApps). Diversos pedidos de ETFs da Ethereum estão sendo analisados pela SEC. Embora a aprovação seja amplamente esperada, pode não ser uma viagem tranquila.[100] A SEC pode adotar uma abordagem mais cautelosa devido às diferenças subjacentes na forma como a rede da Ethereum opera em comparação com a do Bitcoin. Entretanto, os especialistas preveem que um desafio legal semelhante ao que abriu caminho para os ETFs de Bitcoin poderia, em última instância, levar a uma aprovação mais ampla da SEC para os ETFs de Ethereum, o que poderia ser uma maneira fácil de diversificar seus investimentos em ativos cripto.

***

Como qualquer outro iniciante, Roger inicialmente considerou o mercado de ações a única opção de investimento disponível. No entanto, ao se aprofundar, percebeu que, quando se trata de oportunidades de investimento em diferentes ativos digitais e reais, as possibilidades são bastante diversas e vão além dos mercados de ações tradicionais. Elas incluem investimentos imobiliários, metais preciosos, como ouro e prata, notas promissórias e empréstimos privados, criptomoedas e até mesmo obras de arte. Cada oportunidade de investimento envolve diferentes estratégias de investimento que os investidores geralmente empregam para maximizar seus lucros. Os investimentos imobiliários são considerados um dos menos arriscados devido ao seu valor estável. Da mesma forma, as pessoas preferem comprar metais preciosos, como ouro, prata e platina, pois eles podem ser armazenados por um longo período e são uma boa reserva de valor. O investimento em obras de arte era algo novo para ele.

Depois de muitos testes e erros, Roger percebeu que investir em arte poderia ser um investimento confiável e de longo prazo, porque ela é capaz de manter seu valor ao longo do tempo.[101] O retorno de um investimento em arte é geralmente considerado semelhante a uma renda fixa que pode rivalizar com os títulos. Ao contrário das ações ou de outros investimentos, a arte não tende a subir e descer de valor com base nas flutuações do mercado. Evidências desse movimento foram observadas durante a pandemia de 2020, durante a recessão econômica. Durante esse período, a atividade econômica lenta levou a flutuações significativas em outros mercados, enquanto o mercado de arte manteve sua estabilidade. Um dos principais motivos para essa tendência de valor é que o valor da arte com grau de investimento é independente da maioria dos eventos externos e, portanto, tem a tendência de aumentar de forma constante com o passar dos anos. No entanto, ele também descobriu o outro lado do quadro, revelando que, embora a arte seja um investimento confiável, ela pertence à classe de ativos de longo prazo. Isso significa que ela é um ativo não líquido e não pode ser trocada rapidamente por dinheiro. A liquidação de obras de arte envolve um longo processo de avaliação de obras de arte, a realização de um leilão e a busca do comprador adequado. Portanto, Roger considerou apropriado diversificar seu portfólio e não seu investimento principal. No entanto, ele estava interessado principalmente em descobrir o potencial dos investimentos em criptomoedas.

As previsões e projeções de mercado ofereceram insights encorajadores. Ele descobriu que o mercado global de criptomoedas está projetado para crescer de US$ 910,3 milhões em 2021 para US$ 1.902,5 milhões em 2028 em um CAGR de 11,1% no período de previsão 2021-2028.[102] Ele também aprendeu que os especialistas consideravam as criptomoedas diferentes da mania das tulipas. O aumento meteórico do Bitcoin e de outras criptomoedas atraiu comparações com a infame mania das tulipas do século XVII. Entretanto, ao contrário das tulipas, as criptomoedas são apoiadas por algo mais substancial: uma combinação poderosa de criptografia, código e utilidade no mundo real. Ele tinha ouvido falar sobre a mania das tulipas na década de 1630, que foi um período de especulação extraordinária na Holanda. Os preços dos bulbos de tulipas dispararam, impulsionados por uma combinação de fatores, incluindo a raridade das tulipas, o status social ligado a elas e a mania especulativa que, por fim, levou a uma queda dramática.

Na mania das tulipas, o valor do bulbo era puramente baseado na percepção e nas tendências sociais. Não havia nenhuma utilidade subjacente ou caso de uso no mundo real. Isso contrasta fortemente com as criptomoedas. As criptomoedas são ativos digitais protegidos por criptografia. Elas operam em redes descentralizadas alimentadas por código, eliminando a necessidade de uma autoridade central, como um banco. Isso permite que os usuários tenham maior controle sobre suas finanças. O que diferencia as criptomoedas das tulipas é sua utilidade, tecnologia subjacente e oferta limitada. As criptomoedas podem ser usadas para diferentes finalidades, incluindo pagamentos, armazenamento de valor e acesso a aplicativos descentralizados (dApps). Elas utilizam a tecnologia blockchain, um sistema de registro digital seguro e transparente que sustenta a confiança e a imutabilidade. Muitas criptomoedas, como o Bitcoin, têm um suprimento limitado, evitando a inflação e contribuindo potencialmente para o valor de longo prazo.

Depois que Roger tomou conhecimento das diferentes oportunidades de investimento, ele procurou maneiras diferentes de investir em criptomoedas e outros ativos digitais. Sua pesquisa produziu resultados interessantes, e ele selecionou algumas das estratégias de investimento. Uma delas foi o *day trading*. O *day trading* envolve a compra e a venda de ativos financeiros no mesmo dia de negociação, com o objetivo de lucrar com as flutuações de preço de curto prazo. Os *day traders* executam múltiplos negócios ao longo do dia de negociação, com o objetivo de capitalizar sobre pequenos movimentos de preços.[103] Eles geralmente empregam técnicas de análise técnica, como padrões de gráficos, indicadores e análise de volume, para identificar oportunidades de negociação de curto prazo e tomar decisões rápidas de compra e venda.

Uma estratégia comum empregada pelos *day traders* é o uso de ordens de *stop loss* iniciais e de reforço para gerenciar o risco e se proteger contra possíveis perdas. Ao iniciar uma negociação, os *day traders* normalmente definem uma ordem de *stop loss* inicial em um nível de preço predeterminado abaixo do ponto de entrada. Isso serve como uma rede de segurança para limitar as perdas potenciais caso a negociação se mova contra eles. O nível inicial de *stop loss* é determinado com base em fatores como a tolerância ao risco do *trader*, a volatilidade do ativo que está sendo negociado e os indicadores de análise técnica.

Por outro lado, há o *stop loss* de subida. À medida que a negociação se move a favor do *trader* e o preço do ativo aumenta, alguns *day traders* empregam uma estratégia de *stop loss* de alta para proteger seus lucros. Com essa abordagem, os *traders* ajustam suas ordens de *stop loss* para cima, acompanhando o aumento do preço do ativo. Isso lhes permite travar os ganhos e se proteger contra possíveis reversões ou flutuações do mercado. O nível de *stop loss* ascendente é normalmente definido em uma porcentagem predeterminada ou em um valor em dólar abaixo do preço de mercado atual, garantindo que os lucros sejam preservados e, ao mesmo tempo, dando espaço para que o ativo continue a se valorizar. O *day trading* exige disciplina, gerenciamento de risco e um entendimento completo da dinâmica do mercado. Os *traders* devem estar atentos e reagir às condições do mercado, pois as negociações são executadas rapidamente e as posições normalmente são mantidas por apenas um curto período.

Roger descobriu outras maneiras de os investidores individuais investirem em criptomoedas, inclusive comprando e mantendo ("HODLing", que significa "Segurando pela Vida Toda"), que é a estratégia de investimento mais comum e direta. Nessa estratégia, os investidores compram criptomoedas com a intenção de mantê-las por um longo período, geralmente anos, na expectativa de valorização do preço a longo prazo.[104] Os investidores acreditam no potencial das criptomoedas que estão comprando e as mantêm durante as flutuações do mercado, com o objetivo de capitalizar os aumentos significativos de preço ao longo do tempo.

Os investidores também podem optar por negociar criptomoedas. A negociação envolve a compra e a venda de criptomoedas em prazos curtos, que variam de minutos a dias, para lucrar com a volatilidade dos preços. Os *day traders* executam múltiplos negócios em um único dia, enquanto os *swing traders* mantêm posições por diversos dias ou semanas. Os *traders* usam análise técnica, padrões de gráficos, indicadores e tendências de mercado para tomar decisões de negociação informadas e tentar gerar lucros a partir de movimentos de preços de curto prazo. Outro método popular é a mineração, que é semelhante à escavação de ouro digital.[105] A mineração envolve a validação e o processamento de transações em uma rede blockchain usando *hardware* e *software* de computador especializados. Os mineradores são recompensados com *tokens* de criptomoedas recém-criados, bem como com taxas de transação por seus esforços em manter a segurança e a integridade da rede. Embora a mineração já tenha sido lucrativa para mineradores individuais que usavam *hardware* de nível de consumidor, ela tem se tornado cada vez mais competitiva e com uso intensivo de recursos. Investimentos significativos em equipamentos de mineração especializados, como ASICs, e acesso a eletricidade barata são recomendados para aumentar a lucratividade.

Por fim, os investidores também podem investir usando *staking*, que envolve a participação ativa na operação de uma rede blockchain de prova de participação (PoS), bloqueando uma certa quantidade de criptomoedas como garantia para validar transações e proteger a rede. Isso envolve o bloqueio de *tokens* digitais em uma rede blockchain para ganhar recompensas — geralmente uma porcentagem dos *tokens* em *staking*.[106] Os participantes recebem recompensas de *staking* em troca do *staking* de suas moedas, geralmente na forma de *tokens* de criptomoedas adicionais. O *staking* oferece aos investidores uma maneira alternativa de obter renda passiva de suas criptomoedas e, ao mesmo tempo, contribuir para a segurança e a descentralização das redes blockchain.

Depois de aprender sobre diferentes oportunidades de investimento no ecossistema de criptomoedas e em outros setores, Roger percebeu que havia algumas considerações importantes a serem sempre observadas para garantir a segurança e a viabilidade dos investimentos. A primeira delas é que a volatilidade é fundamental. Tanto o Bitcoin quanto o Ethereum são conhecidos por suas flutuações de preço. Essa volatilidade inerente se traduz em risco, e os ETFs não eliminam esse risco. A segunda coisa mais importante para qualquer investidor é fazer sua própria pesquisa. Como em qualquer investimento, a pesquisa completa é crucial antes de mergulhar em qualquer oportunidade de investimento no mundo das criptomoedas e além. É preciso entender o ativo subjacente, a estrutura de investimento específica e todas as taxas associadas. Por fim, é preciso investir com sabedoria. Os ETFs de criptomoedas e outros investimentos são uma nova fronteira, e os investidores devem avaliar cuidadosamente sua tolerância ao risco e suas metas gerais de investimento antes de alocar qualquer parte de seu portfólio para eles.

Capítulo 8: Mineração de Cripto e Impacto no Meio Ambiente

Desde que Roger explorou as oportunidades de investimento no setor de criptomoedas, ele ficou intrigado com a ideia de mineração. Ele sabia que a mineração envolve a resolução de algoritmos matemáticos complexos ou quebra-cabeças para validar e adicionar transações à blockchain. *Esse processo é crucial para a segurança e o bom funcionamento das redes blockchain. É essencialmente uma competição criptográfica para adicionar blocos ou registros à rede blockchain em constante expansão das criptomoedas.*[107] Apesar da importância desse processo, seu impacto e os riscos ambientais associados fazem dele um fenômeno controverso. Tudo isso está relacionado ao mecanismo para alcançar um consenso globalmente descentralizado em uma blockchain válida, chamado de algoritmo de prova de trabalho.[108] É um algoritmo de consenso que governa o processo de aprovação e verificação de transações na rede blockchain. A função de *hash* criptográfico usada na mineração de Bitcoin é SHA-256, que significa "Algoritmo de *hash* seguro de 256 bits". *"É uma função de* hash *criptográfica sem chave que recebe uma entrada de comprimento variável e produz um resultado de* hash *longo de 256 bits."*[109] Ele recebe uma entrada e produz uma cadeia de bytes de tamanho fixo, o que torna quase impossível fazer engenharia reversa dos dados originais. Na rede Bitcoin, os mineradores competem para verificar e adicionar novas transações à blockchain. Para isso, eles precisam resolver um quebra-cabeça matemático complexo usando SHA-256. Esse quebra-cabeça é chamado de algoritmo Prova de Trabalho (PoW).

Quando os mineradores confirmam blocos com transações, eles recebem recompensas por seu respectivo trabalho. Cada *pool* de mineração tem um poder de mineração diferente que afeta a probabilidade de encontrar blocos com transações. Essas chances são proporcionais ao poder de *hashing* de cada *pool* de mineração.[110]

"Hashing é o processo de gerar um valor a partir de um texto ou de uma lista de números usando uma função matemática conhecida como função hash. *Uma função de* hash *é uma função que converte uma determinada chave numérica ou alfanumérica em um pequeno valor inteiro prático. O valor inteiro mapeado é usado como um índice na tabela de* hash.*"[111]*

Desde sua criação em 2009, a rede Bitcoin passou por diferentes revisões feitas por diferentes programadores. Isso aumentou o número e a potência necessários para as máquinas que executam o algoritmo de prova de trabalho (mineração), que fornece segurança e resiliência para o Bitcoin. Como resultado, sua potência computacional combinada também aumentou exponencialmente, excedendo o número combinado de operações de computação dos principais supercomputadores do mundo. Os mineradores usam *hardware* e *software* especializados para realizar esses cálculos e, em troca, são recompensados com *tokens* de criptomoedas, como

Bitcoin, Litecoin e outros. O mecanismo autorregulado do Bitcoin, o ajuste de dificuldade, também desempenha um papel importante na garantia da segurança da rede. O tempo codificado de geração de blocos na blockchain do Bitcoin é de dez minutos por bloco. Essa velocidade é fundamental para manter a taxa de inflação sob controle e garantir que a quantidade de Bitcoins minerados e circulados permaneça sob controle. Se essa velocidade for reduzida por algum motivo, isso pode levar a uma mineração maior do que o normal, aumentando o número de bitcoins em circulação. O fenômeno de ajuste de dificuldade mantém essa velocidade de mineração, garantindo que a natureza deflacionária do Bitcoin persista, ajustando-se a cada duas semanas.

Como o Bitcoin evoluiu ao longo dos anos, o mesmo aconteceu com a rede blockchain e o *hardware* de mineração de computadores. Como resultado, os métodos de mineração também evoluíram. O ecossistema de criptomoedas testemunhou a transição da mineração por CPU (Unidade Central de Processamento) para a mineração por GPU (Unidade de Processamento Gráfico) e FPGAs (Matriz de Portas Programáveis em Campo) e, finalmente, mineração por ASIC (Circuito Integrado de Aplicativo Específico).

Inicialmente, tudo o que era necessário para a mineração de Bitcoin era uma simples CPU, e a pessoa poderia se tornar um minerador. Naquela época, era possível minerar 50 BTC por bloco com uma CPU padrão normalmente presente em casa. Os mineradores usavam a CPU de um computador padrão para realizar os cálculos matemáticos necessários para verificar as transações em uma rede blockchain.

Como as CPUs foram projetadas para lidar com uma ampla gama de tarefas, elas eram versáteis, mas menos eficientes para a mineração de criptomoedas. Além disso, devido à sua natureza de uso geral, elas tinham uma taxa de *hash* relativamente baixa e não podiam realizar tantos cálculos por segundo quanto o *hardware* de mineração especializado. Por fim, eles se tornaram obsoletos para o Bitcoin. Com o aumento dos ajustes de dificuldade computacional para minerar bitcoins, as CPUs padrão usadas anteriormente foram consideradas insuficientes para fins de mineração. Em vez disso, era necessário um dispositivo de processamento mais robusto e eficiente. Isso deu origem à mineração por GPU e a um rápido aumento nos custos e na demanda por *hardware* de GPU.

Como o nome indica, a mineração por GPU envolve o uso de uma ou mais placas de GPU para facilitar a mineração de criptomoedas.[112] As GPUs são *hardware* especializado projetado para renderização de gráficos; elas também são adequadas para realizar os cálculos matemáticos necessários para a mineração de criptomoedas. Sua capacidade de lidar com processamento paralelo permitiu que realizassem muitos cálculos simultaneamente, tornando-as muito mais eficientes do que as CPUs para mineração. Eles ofereciam uma velocidade de processamento de *hash* mais rápida e eram normalmente reservados para a mineração de *altcoins*. Quando se tratava de resolver problemas complexos, as GPUs provaram ser mais eficientes e capazes do que as CPUs. Considerando sua eficiência, elas substituíram as CPUs e se tornaram o *hardware* de referência para a mineração de criptomoedas. Embora consumissem mais energia do que as CPUs padrão, elas ainda ofereciam resultados interessantes em termos de sua capacidade de processamento eficiente. No entanto, com o tempo, a necessidade de eficiência computacional aumentou e uma nova solução foi necessária.

Nos anos seguintes, houve um aumento de FPGAs de Bitcoin e, depois, de ASICs entre os mineradores sérios. Os mineradores ASIC são mineradores de Bitcoin especializados que facilitam grandes fazendas de mineração de Bitcoin para processar transações e blocos de forma muito eficiente. Eles resolveram as ineficiências existentes na mineração por GPU e, com o tempo, tornaram-se o novo padrão para a mineração de bitcoin. Os ASICs SHA-256 são *hardware* especializado projetado especificamente para a mineração de criptomoedas como o Bitcoin. Eles são muito mais potentes e eficientes do que CPUs e GPUs para mineração. Além de sua eficiência computacional, os ASICs também são mais eficientes em termos de energia, consumindo menos energia por *hash* em comparação com outros *hardwares* de mineração.

A eficiência dos mineradores ASIC se deve ao fato de que eles foram projetados especificamente para a mineração de Bitcoin, ao contrário das CPUs e GPUs, que não foram construídas principalmente para esse fim. Como os ASICs são projetados exclusivamente para mineração, eles podem ser menos versáteis do que as CPUs e GPUs, mas muito mais eficientes para o fim a que se destinam.

Embora tenham se mostrado melhores do que seus antecessores em termos de poder de *hashing* e eficiência energética, eles ainda consumiam quantidades significativas de energia, o que fez com que os mineradores começassem a se concentrar na criação de fazendas de mineração mais eficientes que dependiam de energia limpa e renovável. O objetivo é tornar as operações mais baratas e aumentar sua eficiência. Os mineradores ASIC provaram ser um avanço no campo da mineração de criptomoedas, influenciando a inovação no campo para garantir a segurança da rede e a segurança ambiental.

Em sua jornada de exploração, Roger também aprendeu sobre o conceito de mineração mesclada. Ele descobriu que "*a mineração mesclada se refere ao ato de minerar duas ou mais criptomoedas ao mesmo tempo, sem sacrificar o desempenho geral da mineração*".[113] Esse método permite que os mineradores usem seu poder computacional para minerar blocos em múltiplas cadeias simultaneamente usando a Prova de Trabalho Auxiliar (AuxPoW). Como resultado, um minerador pode minerar duas ou mais blockchains ao mesmo tempo, resolvendo os quebra-cabeças criptográficos de ambas as redes. Intrigado para saber mais detalhes sobre esse conceito inovador, Roger se aprofundou nos detalhes para saber como ele funciona. Ele descobriu que a mineração mesclada aproveita os mesmos recursos computacionais para proteger múltiplas blockchains, permitindo que os mineradores contribuam para a segurança de redes menores ou mais novas sem sacrificar suas atividades de mineração primária.

Na mineração mesclada, a blockchain primária é chamada de cadeia principal, enquanto as blockchains adicionais que estão sendo mineradas são chamadas de cadeias auxiliares. Os blocos da cadeia principal contêm informações sobre a cadeia auxiliar, possibilitando a validação de ambas simultaneamente. A blockchain principal fornece a prova de trabalho, e a cadeia auxiliar a valida.

O modo de operação revelou os benefícios que a mineração mesclada oferece. Um deles é o aumento da segurança, que reduz o risco de um ataque de 51%. *"É um ataque a uma blockchain por um grupo de mineradores que controla mais de 50% da taxa de* hash *de mineração de uma rede."*[114] A mineração mesclada pode aumentar a segurança das cadeias auxiliares, aproveitando o poder de *hash* de redes maiores. Isso torna mais difícil para os agentes mal-intencionados lançarem ataques de 51% em blockchains menores.

A mineração mesclada permite que os mineradores maximizem seus recursos computacionais ao minerar múltiplas criptomoedas simultaneamente. Isso pode resultar em lucros maiores para os mineradores sem a necessidade de *hardware* adicional. Ela também ajuda a distribuir o poder de *hash* de forma mais uniforme em diferentes redes. (rootstock.io oferece mineração mesclada e o lançamento de contratos inteligentes na blockchain do Bitcoin) Como a mineração de criptomoedas ganhou força entre os indivíduos, muitos mineradores individuais tentaram a sorte na mineração de criptomoedas. O desenvolvimento da mineração de criptomoedas levou à mineração individual e aos *pools* de mineração. O interesse de Roger pela mineração aumentou e ele começou a explorar mais sobre o assunto. Ele descobriu que um minerador iniciante pode começar a minerar sozinho ou em um grupo. *A mineração solo é o tipo de mineração de criptomoedas em que o minerador tenta gerar novos blocos por conta própria, com os rendimentos da recompensa do bloco e as taxas de transação indo inteiramente para ele, o que lhe permite receber um grande pagamento com uma variação maior (maior tempo entre os pagamentos).*[115]

A mineração solo envolve um minerador individual que gerencia e executa de forma independente as operações de mineração. Isso significa que eles não dependem de terceiros para nenhuma das operações. Em vez de depender de terceiros, eles aproveitam a conexão com os computadores dos clientes nativos de carteiras de cripto para descobrir carteiras e ganhar recompensas.

Por outro lado, a mineração em *pool* é um tipo de mineração em que um grupo de mineradores reúne recursos para encontrar blocos com mais frequência coletivamente. *Os pools de mineração combinam o poder computacional dos dispositivos de mineração conectados.*[116]

Quando um *pool* extrai um bloco com sucesso, as recompensas são distribuídas entre os participantes com base em sua contribuição para a taxa de *hash* do *pool*. Em um *pool* de mineração, o coordenador distribui tarefas de mineração para mineradores individuais, que então trabalham para resolver essas tarefas usando seu poder de computação. Quando um minerador do *pool* consegue minerar um bloco, ele é verificado e adicionado à blockchain. A recompensa é distribuída entre os participantes, proporcional à quantidade de poder de *hash* contribuído por cada um deles. Dessa forma, os mineradores recebem pagamentos menores, mas com uma variação de tempo menor. O tempo incorrido entre os pagamentos é menor do que o tempo incorrido na mineração individual. A coordenação entre *pools* de mineração envolve centenas ou milhares de mineradores que usam protocolos especializados de mineração em *pools*.

Os mineradores individuais configuram seu equipamento de mineração para se conectar a um servidor de *pool* após criar uma conta no *pool*. Seu *hardware* de mineração permanece conectado ao servidor do *pool* durante a mineração, sincronizando seus esforços com os dos outros mineradores. Assim, os mineradores do *pool* compartilham o esforço para minerar um bloco e, em seguida, compartilham as recompensas. *"O servidor do* pool *fará pagamentos periódicos aos endereços de Bitcoin dos mineradores quando sua participação nas recompensas atingir um determinado limite. Normalmente, o servidor do* pool *cobra uma taxa percentual das recompensas para fornecer o serviço de mineração do* pool.*"*[117]

Mais tarde, os *pools* de mineração assumiram uma forma mais organizada com o surgimento das fazendas de mineração. *"Uma fazenda de mineração é um pool de mineração com mineradores que estão alojados em um único local e edifício."* O surgimento de fazendas de mineração transformou o cenário da mineração de criptomoedas, apresentando oportunidades e desafios para o ecossistema. As fazendas de mineração geralmente são equipadas com *hardware* e infraestrutura especializados que podem alcançar economias de escala que os mineradores individuais não conseguem igualar, permitindo que eles minerem criptomoedas de forma mais eficiente e lucrativa. Além disso, geralmente são gerenciados por profissionais com ampla experiência em operações de mineração, garantindo desempenho e lucratividade ideais. Outra vantagem que elas têm sobre os mineradores individuais é a diversificação adicional, já que as fazendas de mineração geralmente estão envolvidas na mineração de múltiplas criptomoedas simultaneamente, aproveitando portfólios diversificados para mitigar riscos e maximizar retornos.

No entanto, elas também têm suas desvantagens. Embora as fazendas de mineração ofereçam economias de escala, gerenciamento profissional e conformidade regulamentar, elas também levantam preocupações sobre centralização, manipulação de mercado e estagnação da inovação. Roger descobriu que, à medida que o ecossistema de criptomoedas continua a evoluir, encontrar um equilíbrio entre fazendas de mineração e mineradores individuais será crucial para garantir seu sucesso e sustentabilidade em longo prazo.

***

Um dia, enquanto assistia a um programa de TV popular, Roger encontrou uma referência ao Bitcoin.[118] Ele se lembrou da época em que as pessoas mal sabiam seu nome e eram céticas quanto ao seu valor e futuro. Em questão de poucos anos, ela se tornou uma parte inevitável da economia moderna e do sistema financeiro. No entanto, a crescente popularidade também significou esforços acelerados de regulamentação por parte das autoridades. Depois de conversar com algumas pessoas ao seu redor, Roger percebeu que as pessoas consideram a mineração de criptomoedas uma maneira fácil de ganhar dinheiro rápido. Entretanto, com o desenvolvimento de outros aspectos do mercado, um aspecto crucial que também se desenvolveu foi o financeiro e o regulatório. As recompensas da mineração de criptomoedas não pertencem exclusivamente aos mineradores; em vez disso, elas são tributadas da mesma forma que a renda regular é tributada. São tributadas como renda no momento do recebimento.[119] Roger percebeu que a mineração de criptomoedas não se trata apenas de resolver problemas matemáticos complexos ou investir em *hardware* de alto desempenho; ela também traz implicações fiscais que os mineradores precisam considerar. Como acontece com qualquer forma de renda, as outras autoridades fiscais podem exigir que os mineradores informem seus ganhos e paguem os impostos correspondentes.

A recompensa de mineração que um minerador ganha como resultado da verificação bem-sucedida de uma transação e da adição de um novo bloco à blockchain é considerada renda tributável. Ao descartar as recompensas de mineração, o minerador obtém uma perda ou ganho de capital, dependendo da condição atual do mercado. Até mesmo as recompensas dos *pools* de mineração são rendimentos tributáveis. Os mineradores talvez precisem declarar sua parte da renda de mineração do *pool* que o operador do *pool* fornece. Os impostos não são a única coisa que os mineradores precisam considerar antes de entrar no mercado de mineração de criptomoedas. Até mesmo as recompensas dos *pools* de mineração são rendimentos tributáveis. Os impostos não são a única coisa que os mineradores precisam considerar antes de entrar no mercado de mineração de criptomoedas. Apesar da enorme popularidade da mineração de criptomoedas entre indivíduos e empresas, o caminho de seu desenvolvimento não foi livre de obstáculos.

Durante sua jornada para explorar a mineração de criptomoedas, uma coisa que chamou a atenção de Roger, e que ele acreditava que muitos outros mineradores não estavam levando em conta, foi o impacto ambiental significativo da mineração. O processo de mineração tem duas finalidades no Bitcoin, incluindo a criação de novos bitcoins em cada bloco e o incentivo para que os mineradores incluam transações válidas em seus blocos. Um minerador bem-sucedido receberá uma recompensa na forma de novos bitcoins e taxas de transação.

Entretanto, a recompensa só será recebida se o minerador tiver incluído apenas transações válidas, com as regras de consenso do protocolo Bitcoin determinando o que é válido. Esse equilíbrio delicado oferece segurança para o Bitcoin sem uma autoridade central.[120] Embora a mineração alcance um equilíbrio delicado entre custo e recompensa, ela usa eletricidade para resolver problemas de computação, o que tem seus impactos ambientais. Quanto mais avançado o *hardware* de mineração, maior o impacto potencial da mineração sobre o meio ambiente e a exaustão de recursos. Roger chegou a se deparar com um estudo que revelou que a mineração de criptomoedas gera anualmente quase a mesma quantidade de CO2 emitida por um país do tamanho da Grécia.[121]

Um dos países que demonstrou uma posição firme contra a mineração de criptomoedas foi a China. O governo da China expressou preocupação com o impacto ambiental e a natureza especulativa da mineração de criptomoedas, o que levou a uma repressão às operações de mineração no país. A proibição da mineração na China causou uma interrupção significativa no cenário global de mineração, levando a uma queda na taxa de *hash* da rede e afetando os preços das criptomoedas. No entanto, o impacto não durou muito tempo.

O que chocou Roger foi o fato de que, mesmo após a proibição da China sobre a mineração de criptomoedas, sua popularidade nunca diminuiu; em vez disso, aumentou. Não apenas a China, mas outros oito países, incluindo Catar, Omã, Marrocos, Iraque, Egito, Tunísia e Argélia, também proibiram a mineração de cripto. O impacto não foi outro senão o aumento da popularidade da mineração de criptomoedas nos EUA, pois a maioria dos mineradores que fugiram da China foi para os Estados Unidos para encontrar melhores oportunidades de mineração de criptomoedas e fontes de energia baratas para alimentar suas atividades de mineração. Muitos mineradores chineses transferiram suas operações para outros países com regulamentações e condições mais favoráveis, o que levou a uma redistribuição do poder de mineração.

Na época em que a China proibiu a mineração de criptomoedas, ela estava trabalhando como um dos maiores mercados de criptomoedas, dominando o ecossistema global de criptomoedas. Como resultado da proibição, os EUA viram um aumento no interesse pela mineração de criptomoedas, com muitos investidores e empresas estabelecendo fazendas de mineração em todo o país. Aproveitando essa oportunidade, os EUA tomaram medidas para o crescimento da mineração de cripto no país. Ao contrário da China, os EUA mostraram uma postura mais favorável à mineração de criptomoedas, fornecendo clareza regulatória e incentivos para os mineradores. A mudança da China para os EUA e outros países contribuiu para a descentralização do poder de mineração, reduzindo o risco de um único país ou entidade controlar uma parte significativa da taxa de *hash* da rede. Também criou novas oportunidades econômicas, incluindo a criação de empregos e investimentos em comunidades locais nos Estados Unidos.

Refletindo sobre a história e a evolução da mineração de Bitcoin, Roger percebeu que a mineração de Bitcoin cresceu a cada ano junto com o crescimento das criptomoedas e do Bitcoin em geral. Com o aumento da popularidade das criptomoedas, também aumentou o escrutínio em torno de seu impacto ambiental, especialmente no que diz respeito ao consumo de energia. Com os métodos tradicionais de mineração exigindo grandes quantidades de poder computacional, a pegada ecológica de criptomoedas como o Bitcoin passou a ser cada vez mais analisada. Os mineradores perceberam que o consenso da prova de trabalho exige um poder computacional significativo, o que leva a um alto consumo de energia. À medida que a adoção de criptomoedas cresce, também cresce seu consumo coletivo de energia, levantando preocupações sobre sustentabilidade e mudanças climáticas. A natureza intensiva de energia da mineração resulta em uma pegada de carbono substancial, contribuindo para as emissões de gases de efeito estufa e o aquecimento global. Além disso, a rápida rotatividade do *hardware* de mineração gera lixo eletrônico à medida que máquinas desatualizadas ou ineficientes são descartadas, aumentando ainda mais as preocupações ambientais.

O consumo de energia e as preocupações ambientais levantadas pela mineração de criptomoedas chamaram a atenção de mineradores e reguladores para sua comparação com os sistemas bancários e financeiros tradicionais. Quando ele comparou o sistema bancário tradicional e o ouro com as criptomoedas, ficou chocado ao descobrir qual deles tinha o maior consumo de energia. A natureza descentralizada das redes blockchain significa que múltiplos nós em todo o mundo consomem energia para manter a rede. O aumento do consumo geral de energia tem um impacto sobre o meio ambiente e as redes de energia. Embora o setor bancário tradicional não exija o mesmo nível de consumo de energia que a mineração de criptomoedas, ele ainda tem demandas substanciais de energia. Isso inclui a alimentação de agências bancárias, centros de dados e caixas eletrônicos, bem como a energia consumida na impressão e no transporte de moeda física. No entanto, a pegada de carbono da mineração de criptomoedas tem sido amplamente criticada, principalmente devido à dependência de combustíveis fósseis em muitas operações de mineração. Além disso, o lixo eletrônico gerado pelo *hardware* de mineração obsoleto contribui para a degradação ambiental.

Apesar dos números alarmantes do consumo de energia pela mineração de criptomoedas, o consumo ainda é muito mais econômico e eficiente do que o sistema bancário tradicional, que utiliza cerca de 4.981 TWh em comparação com os 120 TWh do Bitcoin. Os números são quase 50 vezes maiores quando se trata do sistema bancário tradicional.

Até mesmo a mineração de ouro acaba sendo mais intensiva em energia do que o Bitcoin, pois consome cerca de 131 TWh, o que representa cerca de 10% a mais do que o Bitcoin. Além disso, as moedas fiduciárias parecem ter menos impacto sobre o meio ambiente, considerando que podem ser usadas diversas vezes após a criação.[122]

Embora o impacto ambiental do Bitcoin seja menor do que o de suas contrapartes, ele ainda não é aceitável, e os mineradores e desenvolvedores estão trabalhando continuamente para encontrar uma solução mais eficiente em termos de energia e custo-benefício. Nesse sentido, diversos esforços foram feitos por diferentes grupos de pessoas e países. Por exemplo, a maior empresa de produção de energia do Japão expressou sua ideia de transformar cada unidade de sua eletricidade não utilizada em criptomoedas. Isso envolve o conceito de colocar a corrente alternada em uso. No entanto, isso também tem uma desvantagem: a corrente alternativa gerada na usina de energia é fornecida por meio de fios e transformadores a todos os usuários. No entanto, isso não garante o ajuste correto do resultado à demanda real. Devido a isso, uma quantidade significativa de energia é frequentemente desperdiçada. Os mineradores de Bitcoin podem fazer a diferença utilizando o excedente de energia para alimentar sua atividade de mineração e reduzir o desperdício.

Ao analisar as diferentes fontes de energia usadas pelos mineradores de Bitcoin, ele descobriu que a principal fonte de energia para a mineração de Bitcoin é a energia hidrelétrica. Entretanto, considerando a situação da mineração de criptomoedas, diferentes mineradores recorreram a fontes de energia alternativas. Por exemplo, ele ficou sabendo de uma empresa na Pensilvânia que usa resíduos de carvão para abastecer a mineração de Bitcoin.[123] Eles perceberam os riscos ambientais causados pelas pilhas de resíduos de carvão em sua área. Decidiram dar-lhes um uso melhor, transformando os resíduos de carvão em eletricidade em usinas especializadas e usando-os para minerar criptomoedas.

Além disso, as antigas usinas de combustível fóssil que foram fechadas anteriormente em favor da energia renovável ganharam uma segunda vida quando os mineradores de Bitcoin começaram a usá-las. Uma mudança para alternativas eficientes em termos de energia e novos desenvolvimentos ocorreram no ecossistema de criptomoedas. Por exemplo, o mecanismo Prova de Participação foi introduzido como uma alternativa ao mecanismo PoW. O PoS é uma alternativa mais eficiente em termos de energia do que o PoW, exigindo muito menos poder computacional e, portanto, consumindo menos energia.[124] Isso levou a uma mudança da mineração de criptomoedas para o *staking*. Enquanto a mineração valida as transações usando computadores potentes e consumindo uma quantidade significativa de energia, o *staking* adota uma abordagem mais eficiente em termos de energia. Ela envolve a validação de transações por meio da retenção de *tokens* e, em última análise, o uso de menos energia do que a mineração. A mudança da mineração tradicional para o *staking* surgiu como uma alternativa mais sustentável e eficiente em termos de energia para manter as redes blockchain.

Roger observou dois dos exemplos mais notáveis de transição: Ethereum (ETH) e Polygon (MATIC). Essas criptomoedas fizeram a transição da mineração de prova de trabalho (PoW) para mecanismos de consenso de prova de participação (PoS). Ao contrário do PoW, em que os mineradores competem para resolver quebra-cabeças matemáticos complexos para validar transações e adicionar novos blocos à blockchain, o PoS depende de validadores que bloqueiam uma determinada quantia de suas criptomoedas como uma "aposta" para participar do processo de consenso. Os validadores são escolhidos para criar novos blocos com base em sua participação e na idade de seus acervos, e não no poder computacional.

Como parte desses esforços, Roger testemunhou uma transição do *staking* para o *yield farming, uma estratégia de investimento volátil e de alto risco em que um investidor faz staking ou empresta ativos criptoativos em uma plataforma de finanças descentralizadas (DeFi) para obter um retorno maior.*[125] Embora todos os três métodos facilitem o investimento em criptomoedas, a preferência entre esses métodos depende de fatores individuais, como conhecimento técnico, custos iniciais e preocupações ambientais. A Ethereum, a segunda maior criptomoeda por capitalização de mercado, está passando por uma grande atualização conhecida como Ethereum 2.0, que inclui uma transição de PoW para PoS. A Beacon Chain, a primeira fase da Ethereum 2.0, foi lançada em dezembro de 2020, marcando o início da transição para uma rede mais escalável e sustentável. A transição para o Ethereum 2.0 tem como objetivo abordar problemas de escalabilidade, reduzir o consumo de energia e diminuir as taxas de transação. Ao alavancar o PoS, o Ethereum 2.0 visa alcançar maior eficiência de rede e sustentabilidade ambiental, mantendo a descentralização e a segurança. A Polygon, inicialmente conhecida como Matic Network, foi projetada com um mecanismo de consenso PoS desde o início. Essa arquitetura permite que a Polygon ofereça transações rápidas e de baixo custo, tornando-a uma plataforma atraente para aplicativos descentralizados (dApps) e projetos DeFi. O mecanismo de consenso PoS do Polygon contribui para sua eficiência e escalabilidade, facilitando o desenvolvimento de soluções inovadoras em diferentes setores. Felizmente, a transição para moedas de *staking* como ETH e Polygon tem o potencial de reduzir significativamente o impacto ambiental associado à mineração de criptomoedas. Ao eliminar a necessidade de plataformas de mineração que consomem muita energia, o *staking* contribui para um ecossistema de blockchain mais sustentável. O *staking* oferece aos detentores de criptomoedas uma oportunidade alternativa de investimento, oferecendo retornos potenciais por meio de recompensas de *staking*. Esse incentivo financeiro encoraja a participação na validação da rede e contribui para a segurança geral e a descentralização da blockchain.

Analisando a mineração de criptomoedas, Roger sabia que, no passado, era um negócio lucrativo, sem dúvida. No entanto, considerando a mudança maciça no mercado e no setor em geral, ele teve de considerar o assunto com um pouco mais de preocupação para decidir se a mineração de criptomoedas seria lucrativa no ano passado. Ele decidiu obter uma opinião especializada sobre o assunto e consultou um minerador especialista no campo para discutir o potencial da mineração de criptomoedas em 2024.

"Atualmente, a lucratividade da mineração de criptomoedas depende do tipo de criptomoeda que você escolhe para minerar. Embora o Bitcoin ainda seja uma das criptomoedas mais lucrativas para mineração, sua dificuldade de mineração aumentou significativamente nos últimos anos. Portanto, pode não ser tão viável para mineradores individuais quanto é para mineradores de *pool*.

Sugiro que você analise outras criptomoedas como Ethereum, Litecoin, Monero, Bitcoin Cash e Zcash. Como elas têm um algoritmo diferente do Bitcoin, são comparativamente mais fáceis de minerar. Elas também têm potencial de crescimento futuro, o que as torna ideais para iniciantes. No entanto, lembre-se de que a lucratividade da mineração dessas moedas depende da dificuldade de mineração, dos custos de *hardware* e energia e do valor de mercado."

Ele também compartilhou algumas estratégias e dicas de mineração que valem a pena e que podem ajudar a maximizar os lucros dos mineradores. Ele aconselhou Roger a utilizar o *hardware* de mineração correto, como GPUs e ASICs, pois isso afeta a experiência geral de mineração e os lucros. O uso de fontes de energia renováveis também é fundamental para reduzir os custos e aumentar os lucros.

"A melhor estratégia é considerar a mineração em *pool*, pois ela permite que você combine seus recursos de mineração com os de outros mineradores e os aproveite para maximizar seu potencial de mineração com recompensas mais frequentes, porém reduzidas."

Roger descobriu que uma prática recente que está ganhando força entre os mineradores modernos é a mineração em nuvem, que envolve o aluguel de *hardware* de mineração de um provedor de serviços baseado em nuvem e seu uso para minerar diferentes criptomoedas. Apesar de ser mais cara, essa opção tende a ser mais lucrativa. A pesquisa de Roger revelou a ele que, apesar da enorme transformação do cenário de mineração de criptomoedas, ainda há oportunidades se a pessoa descobrir a abordagem certa e investir tempo para acompanhar as tendências do mercado. Antes de entrar no cada vez mais competitivo setor de mineração de criptomoedas, o indivíduo deve considerar fatores como acesso a eletricidade barata, *hardware* de mineração, opções de mineração, riscos associados e análise de custo-benefício em comparação com a compra no varejo, manutenção e *staking*, se aplicável.

Capítulo 9: O Futuro das Criptomoedas

Quando o Bitcoin foi lançado em 2009, ninguém, inclusive Roger, sabia o que ele representava para o sistema financeiro e para a transformação do sistema monetário existente. No entanto, após uma década de sua jornada, ela revelou tantos aspectos de seu desenvolvimento e crescimento que Roger agora podia fazer previsões calculadas sobre o futuro das criptomoedas. Com base nas notícias e previsões do mercado, ele sabia que o futuro das criptomoedas é altamente dinâmico e está sujeito a diferentes fatores, como avanços tecnológicos, estruturas regulatórias e tendências econômicas globais. No entanto, alguns aspectos importantes podem ser destacados para fornecer insight sobre a possível trajetória dessa classe de ativos digitais. À medida que mais indivíduos e instituições reconhecem o potencial das criptomoedas para transações mais rápidas, mais baratas e mais seguras, espera-se que as taxas de adoção cresçam ainda mais. A popularidade dos ordinais (Bitcoin NFTs) e outros novos casos de uso de criptomoedas falam muito sobre a inclinação das pessoas em relação às criptomoedas como a base de uma economia descentralizada. Isso pode levar a uma maior aceitação do público geral e a um uso mais amplo, impulsionando o valor geral desses ativos digitais.

Um fator significativo que molda o futuro das criptomoedas é o desenvolvimento de estruturas regulatórias claras e consistentes em diferentes jurisdições. Isso proporcionaria um ambiente estável para empresas e investidores, promovendo o crescimento e a inovação no setor. A evolução contínua da tecnologia blockchain e o surgimento de novas criptomoedas, como as baseadas em mecanismos de consenso de prova de participação (Ethereum, Solana, Toncoin, Cardano e Avalanche), poderiam levar a ativos digitais mais eficientes e ambientalmente sustentáveis. Além disso, os avanços em soluções escaláveis, funcionalidade de contrato inteligente e interoperabilidade entre diferentes blockchains podem aumentar ainda mais a usabilidade e o apelo das criptomoedas. À medida que mais instituições financeiras e corporações começarem a investir e adotar criptomoedas, a credibilidade e a legitimidade gerais da classe de ativos aumentarão. Quanto maior for o investimento institucional, mais ele elevará o valor das criptomoedas e atrairá mais investidores de varejo.

Espera-se que as *stablecoins*, que são criptomoedas atreladas a ativos estáveis, como moedas fiduciárias ou *commodities*, desempenhem um papel crucial no fornecimento de estabilidade de preços e na facilitação de transações. As Moedas Digitais do Banco Central, por outro lado, podem perturbar o cenário financeiro ao oferecer uma forma digital de moeda fiduciária com os benefícios da tecnologia blockchain. Além disso, o crescimento das plataformas de finanças descentralizadas (DeFi) e dos *tokens* não fungíveis (NFTs) mostrou o potencial de casos de uso inovadores da tecnologia blockchain. Esses desenvolvimentos podem levar a novos modelos de negócios e instrumentos financeiros, expandindo ainda mais a utilidade e o valor das criptomoedas. Apesar de todos os desenvolvimentos em andamento no espaço cripto e das preocupações sobre seu futuro, seu potencial permanece incomparável, com previsões de que o mercado atingirá US$ 25 trilhões até 2030.[126] Isso indica que é provável que as criptomoedas perdurem, continuando sua trajetória de crescimento para resolver problemas de escalabilidade e segurança e oferecer oportunidades de investimento viáveis para indivíduos. Da mesma forma, espera-se que os desenvolvimentos regulatórios no setor contribuam para melhorar a acessibilidade do Bitcoin e de outras criptomoedas, o que pode ser um avanço regulatório em seu crescimento como ativos digitais.

Em 20 de abril de 2024, ele viu a notícia sobre a conclusão do quarto *halving* do Bitcoin.[127] Embora o *halving* do Bitcoin seja frequentemente associado a um aumento em seu preço, o recente evento de *halving* fez com que o preço do Bitcoin se mantivesse estável em cerca de US$ 63.907. Ele também descobriu que o próximo evento de *halving* está previsto para ocorrer em meados de 2028, quando a rede atingir uma altura de bloco de 1.050.000. Recordando o fenômeno de *halving*, Roger lembrou que o evento pré-programado de *halving* do Bitcoin ocorre a cada quatro anos para regular a produção do Bitcoin e garantir seu fornecimento limitado. Quando a recompensa pela mineração de Bitcoin é reduzida pela metade, o número de bitcoins que entram no mercado também diminui, mantendo o fornecimento das moedas regulado em comparação com a demanda do mercado. Como resultado do quarto *halving* que ocorreu recentemente, a recompensa de mineração de Bitcoin foi reduzida de 6,25 Bitcoins para 3,125 moedas. Essa recompensa será reduzida ainda mais (pela metade) no próximo evento de *halving*, que provavelmente ocorrerá em meados de 2028.

Dos 21 milhões de bitcoins que existirão no ecossistema de criptomoedas, cerca de 19,5 milhões já foram minerados, restando apenas cerca de 1,3 milhão de moedas a serem mineradas.[128] Enquanto a demanda permanecer constante, espera-se que os preços do bitcoin aumentem em resposta ao *halving*. No entanto, o estudo de dados históricos revelou que o impacto da redução do preço do Bitcoin pela metade não é fixo. O preço pode não aumentar logo após o impacto da redução pela metade, mas pode levar algum tempo para refletir o impacto da mudança. Os três eventos anteriores de *halving* mostraram um padrão semelhante quando os preços mostraram um impacto um ano após os eventos de *halving*. Após a redução pela metade em julho de 2016, os preços quadruplicaram em um ano, enquanto a redução pela metade em maio de 2020 testemunhou um aumento de sete vezes nos preços um ano depois. No entanto, no mundo das criptomoedas, que está em constante evolução, os desempenhos anteriores não podem ser considerados um indicador de resultados futuros.

Roger pensou no impacto do *halving* sobre os mineradores. Como as recompensas de mineração foram reduzidas à metade, os mineradores são desafiados a reduzir os custos de mineração e ajustá-los à sua renda reduzida. A menos que haja um aumento acentuado no preço do bitcoin, os mineradores teriam dificuldades para ajustar seus gastos com uma renda fixa. Os especialistas têm opiniões diferentes sobre se o aumento de preço ocorrerá ou não. Nada, a não ser o futuro, pode revelar o que ele reserva para os mineradores de Bitcoin.

Apesar do enorme crescimento das criptomoedas, Roger sabia que o caminho não estava livre de obstáculos. Um dos principais é a incerteza regulatória. As criptomoedas operam em um ambiente regulatório que varia entre países e jurisdições. A falta de uma regulamentação global clara e consistente pode levar à ambiguidade jurídica, dificultando a adoção e o crescimento dos ativos digitais. As plataformas e bolsas de criptomoedas são vulneráveis a ataques cibernéticos, o que pode resultar em perdas financeiras significativas para os usuários. Garantir a segurança dos ativos digitais e implementar medidas robustas de segurança continuará sendo um desafio fundamental para o setor. À medida que os usuários de criptomoedas crescem, cresce também a necessidade de transações mais rápidas e eficientes. As redes blockchain, especialmente aquelas com tempos de processamento mais lentos e altas taxas de transação, podem ter dificuldades para acompanhar a demanda, limitando potencialmente a adoção em massa de determinadas criptomoedas. Os mecanismos de consenso de prova de trabalho, comumente usados por criptomoedas como o Bitcoin, exigem recursos energéticos substanciais.

O impacto ambiental desses processos que consomem muita energia levantou preocupações entre os legisladores e o público, o que pode levar a restrições regulatórias ou a uma reação pública contra as criptomoedas.[129] As criptomoedas são conhecidas por seus preços voláteis, o que pode dissuadir possíveis investidores e usuários. A estabilidade de preços é crucial para a adoção generalizada, e estão em andamento esforços para mitigar a volatilidade por meio de *stablecoins*, infraestrutura de mercado aprimorada e maior envolvimento institucional. Embora alguns bancos e instituições financeiras estejam explorando as criptomoedas e a tecnologia blockchain, a adoção generalizada continua limitada.

Superar a resistência e integrar as criptomoedas aos sistemas financeiros tradicionais será um desafio significativo. Muitas pessoas ainda não têm uma compreensão abrangente das criptomoedas e de seus possíveis benefícios e riscos. Aumentar a conscientização do público e fornecer recursos educacionais acessíveis será essencial para a adoção responsável e as decisões de investimento. À medida que o cenário das criptomoedas evolui, novos ativos digitais e plataformas blockchain continuarão a surgir, desafiando o domínio de criptomoedas estabelecidas como Bitcoin e Ethereum. Manter-se competitivo e adaptar-se às inovações mais recentes será crucial para o sucesso futuro das criptomoedas existentes.

As criptomoedas são influenciadas por tendências econômicas globais e eventos geopolíticos, que podem afetar sua adoção, regulamentação e sentimento geral do mercado. Enfrentar esses desafios exigirá adaptabilidade e planejamento estratégico tanto dos participantes do setor quanto dos formuladores de políticas. Na opinião de Roger, a integração das criptomoedas nas transações diárias e nos sistemas financeiros seria crucial para a adoção generalizada.

Essa integração exigiria a colaboração entre governos, instituições financeiras e o setor de criptomoedas para estabelecer estruturas regulatórias claras, melhorar a experiência do usuário e garantir a segurança e a estabilidade. Entretanto, alguns aspectos importantes precisam ser abordados. Os governos e os órgãos reguladores precisam desenvolver diretrizes claras e consistentes para o uso de criptomoedas, abrangendo áreas como combate à lavagem de dinheiro (AML), procedimentos de conhecimento do cliente (KYC), tributação e proteção ao consumidor. Essas estruturas devem encontrar um equilíbrio entre a promoção da inovação e a garantia da estabilidade e da segurança dos sistemas financeiros. Além disso, as criptomoedas devem ser compatíveis com a infraestrutura financeira existente, como sistemas bancários e redes de pagamento, para facilitar a integração perfeita com o sistema financeiro existente. Isso pode ser alcançado por meio de parcerias entre empresas de criptomoedas e instituições financeiras tradicionais e o desenvolvimento de padrões e protocolos de interoperabilidade.

As criptomoedas podem se tornar mais acessíveis ao público em geral, melhorando as interfaces de usuário e simplificando o processo de *onboarding*. Isso inclui o desenvolvimento de carteiras intuitivas, bolsas de valores e plataformas de pagamento que atendam a usuários experientes em tecnologia e àqueles com pouca experiência no espaço. Campanhas de educação e conscientização também podem ajudar a desmistificar as criptomoedas e incentivar sua adoção. As criptomoedas precisam resolver problemas de escalabilidade e melhorar as velocidades de transação para lidar com altos volumes de transação e dar suporte a casos de uso diário. Os avanços na tecnologia blockchain, como soluções de camada 2, *sharding* e transações fora da cadeia, podem ajudar a alcançar esse objetivo. Como mencionado anteriormente, as *stablecoins* podem promover significativamente a estabilidade financeira e incentivar a adoção generalizada de criptomoedas. Ao atrelar as criptomoedas a ativos estáveis, as *stablecoins* podem oferecer aos usuários uma reserva de valor mais previsível, tornando-as adequadas para transações diárias e sistemas financeiros. Uma integração bem-sucedida das criptomoedas nas transações diárias e nos sistemas financeiros requer a colaboração entre as instituições financeiras tradicionais e o setor de criptomoedas. Essa colaboração pode levar a soluções inovadoras, como o desenvolvimento de uma carteira digital. As empresas de cripto podem preencher a lacuna com as finanças tradicionais abordando os principais desafios, promovendo a colaboração e implementando soluções inovadoras. Ao saber do escrutínio da Comissão de Valores Mobiliários dos EUA (SEC) sobre muitas moedas digitais e títulos não registrados, ele não pôde deixar de pensar em seu impacto no cenário de moedas digitais em constante evolução. Ele sabia que a aprovação de contas de aposentadoria que adicionam *Exchange-Traded Funds* (ETFs) de Bitcoin pela Securities and Exchange Commission (SEC) seria um marco significativo para o setor de criptomoedas.[130] Esse desenvolvimento poderia potencialmente aproximar o Bitcoin e outros ativos digitais da adoção convencional, proporcionando às pessoas comuns uma forma mais acessível de investir em criptomoedas.

Um ETF de Bitcoin listado nas principais bolsas de valores permitiria que os investidores comuns obtivessem exposição ao Bitcoin por meio de suas contas de aposentadoria, como contas individuais de aposentadoria (IRAs). Isso proporcionaria um veículo de investimento mais regulamentado e familiar em comparação com a compra e o armazenamento direto de criptomoedas. A aprovação de um ETF de Bitcoin também exigiria que a SEC garantisse que o fundo atendesse a requisitos regulatórios rigorosos, proporcionando uma camada adicional de proteção ao investidor. Isso ajudaria a mitigar alguns dos riscos associados ao investimento em criptomoedas, potencialmente atraindo uma gama mais abrangente de investidores.

A aprovação de um ETF de Bitcoin poderia levar a um aumento do investimento institucional em criptomoedas. Gerentes de ativos, fundos de pensão e outros investidores institucionais podem achar que investir em um veículo de investimento regulamentado e familiar, como um ETF, é mais atraente do que lidar diretamente com as complexidades das criptomoedas. Esse aumento do investimento institucional também poderia ajudar a melhorar a liquidez do mercado de Bitcoin, reduzindo a volatilidade dos preços e proporcionando um ambiente mais estável para os investidores de varejo.

O ETF de Bitcoin aprovado pela SEC está, sem dúvida, aumentando a legitimidade das criptomoedas aos olhos do público em geral e das instituições financeiras. Essa maior legitimidade pode levar a uma adoção mais ampla por parte do público em geral, impulsionando ainda mais o crescimento e o desenvolvimento do setor de criptomoedas. O ETF de Bitcoin aprovado poderia trazer inúmeros benefícios, mas também há desafios e considerações em potencial. Isso inclui preocupações com a manipulação do mercado, a volatilidade dos preços e a necessidade de estruturas regulatórias robustas para proteger os investidores.

A aprovação pela SEC das contas de aposentadoria que adicionam ETFs de Bitcoin seria um passo significativo em direção à adoção generalizada de criptomoedas. Esse desenvolvimento poderia aumentar a acessibilidade, atrair investidores institucionais e aumentar a legitimidade dos ativos digitais. Entretanto, é essencial abordar os possíveis desafios e garantir que as estruturas regulatórias adequadas estejam em vigor para proteger os investidores e manter a integridade do mercado.

Ao observar as últimas tendências no mercado de criptomoedas, Roger descobriu que as especulações sobre as CBDCs também entraram no mercado, onde alguns o consideram a alternativa perfeita para as criptomoedas, apesar das muitas desvantagens que elas possuem. *"Uma moeda digital do banco central (CBDC) é uma forma de moeda digital emitida pelo banco central de um país. Ela é semelhante às criptomoedas, exceto pelo fato de que seu valor é fixado pelo banco central e é equivalente à moeda fiduciária do país."*[131]

Muitos países que perceberam a importância de mudar para as moedas digitais estão trabalhando para desenvolver a CBDC. As CBDCs podem parecer semelhantes a outras moedas digitais ou criptomoedas; no entanto, há uma grande diferença entre as duas. O aspecto mais importante que diferencia a CBDC das criptomoedas é seu controle e autoridade. Ao contrário das criptomoedas, as CBDCs são emitidas e controladas pelo banco central. Isso significa que, assim como o papel-moeda fiduciário é de responsabilidade do banco central, o mesmo ocorre com as CBDCs.

As CBDCs são emitidas e regulamentadas pelos bancos centrais, enquanto as criptomoedas como o Bitcoin não são respaldadas ou regulamentadas por nenhuma autoridade central. Essa diferença na emissão leva a estruturas de governança e processos de tomada de decisão distintos. Além disso, há uma diferença na estabilidade de ambas as moedas. As CBDCs geralmente estão atreladas ao valor da moeda fiduciária do país, o que proporciona uma estabilidade percebida e reduz o risco de volatilidade associado às criptomoedas. Por outro lado, as criptomoedas podem sofrer flutuações significativas de preço devido à demanda do mercado e à dinâmica da oferta. O principal objetivo por trás do desenvolvimento de CBDCs é melhorar a eficiência e a eficácia dos sistemas de pagamento e da infraestrutura financeira existentes em um país. As criptomoedas, como o Bitcoin, muitas vezes têm o objetivo de perturbar os sistemas financeiros tradicionais e promover a descentralização, desafiando o papel dos bancos centrais e dos governos na gestão da oferta de dinheiro e da política monetária. A maioria das criptomoedas, incluindo o Bitcoin, oferece aos usuários um certo nível de anonimato, dificultando o rastreamento das transações. As CBDCs, entretanto, podem ser projetadas para serem mais rastreáveis, até mesmo evasivas, permitindo que os bancos centrais e os governos monitorem as transações para fins como o combate à lavagem de dinheiro, evasão fiscal e financiamento do terrorismo. Embora tanto as CBDCs quanto as criptomoedas possam aproveitar a tecnologia blockchain ou de livro-razão distribuído, as implementações específicas e os casos de uso podem ser diferentes.[132] As CBDCs podem ser projetadas para operar em blockchains com permissão (em vez de sem permissão) ou em outros sistemas de livro-razão distribuídos, proporcionando mais controle e segurança e, ao mesmo tempo, mantendo os benefícios das transações digitais.

Apesar de serem moedas digitais, as CBDCs e as criptomoedas como o Bitcoin diferem em termos de emissão, regulamentação, estabilidade, finalidade, anonimato e tecnologia. As CBDCs são projetadas para complementar e melhorar os sistemas financeiros existentes, enquanto as criptomoedas geralmente buscam desafiá-los e perturbá-los.

Roger leu uma previsão de que, até 2028, apenas 9% das transações serão realizadas com moeda física. O restante das transações seria digitalizado. No entanto, para Roger, a substituição do dinheiro digital parece ser uma tarefa árdua.

Ele pensou: *"E se as estruturas centrais do nosso mundo financeiro estivessem à beira de uma mudança de paradigma com o surgimento das Moedas Digitais do Banco Central (CBDCs)?"* Ele sabia que uma CBDC representa uma moeda de curso legal que pode ser usada para diferentes transações, semelhante ao dinheiro físico, mas em um formato digital. Essas moedas são projetadas para coexistir com os sistemas de pagamento existentes em um país e com a moeda fiduciária tradicional para oferecer benefícios como maior eficiência, redução de custos e inclusão financeira. Roger descobriu que um passo significativo em direção à centralização e digitalização do sistema monetário foi o sistema de crédito social chinês.

O Sistema de Crédito Social (SCS) da China é uma iniciativa apoiada pelo governo com o objetivo de avaliar e classificar o comportamento e a confiabilidade de indivíduos e organizações. O sistema de crédito social da China é uma parte essencial do sistema de mercado econômico socialista chinês. *Ele se baseia em leis, regulamentos, padrões e contratos e abrange uma rede de registros de crédito e infraestrutura de crédito para os membros da sociedade.*[133] O sistema de crédito é inspirado no conceito de uma "pontuação de crédito social", que é semelhante ao retratado no famoso episódio "Nosedive" do programa Black Mirror da Netflix. Nessa série de TV antológica, cada episódio apresenta uma realidade alterada, com foco em diferentes aspectos do mundo real. O episódio "Nosedive" discute como seria o mundo se a mídia social fosse usada para definir o valor real das pessoas. O episódio apresenta um mecanismo de classificação por meio do qual as pessoas avaliam umas às outras. A classificação desempenha um papel significativo na vida dos indivíduos, afetando diferentes aspectos, desde seu trabalho até sua vida social. Quando a protagonista perde sua classificação, ela enfrenta uma série de desafios em sua vida pessoal e profissional e, por fim, acaba na prisão.

O sistema de crédito social chinês também apresenta uma estrutura semelhante e afeta a vida das pessoas. A pontuação de crédito social de uma pessoa pode influenciar seu acesso a diferentes serviços, como empréstimos, cartões de crédito e seguros. Aqueles com uma pontuação mais alta podem receber taxas de juros melhores e termos mais favoráveis, enquanto aqueles com uma pontuação mais baixa podem enfrentar restrições ou ter o acesso a esses serviços totalmente negado. Alguns empregadores e instituições educacionais na China começaram a usar a pontuação de crédito social como um fator nas decisões de contratação e admissão. Os indivíduos com uma pontuação mais alta podem ter mais chances de serem contratados ou admitidos, enquanto aqueles com uma pontuação mais baixa podem enfrentar dificuldades nessas áreas.

O sistema de crédito social também pode afetar a capacidade de um indivíduo de viajar nacional e internacionalmente. Por exemplo, as pessoas com uma pontuação baixa podem ser impedidas de comprar passagens de trem de alta velocidade ou pegar voos.[134] Além disso, aqueles que violam as leis de trânsito podem sofrer penalidades, como a proibição de dirigir ou usar o transporte público. Uma baixa pontuação de crédito social e seus impactos resultantes podem levar a um estigma social e a uma reputação prejudicada, pois as pessoas podem considerar aqueles com pontuação mais baixa como menos confiáveis ou responsáveis. Isso pode afetar os relacionamentos pessoais e profissionais, bem como as oportunidades de *networking* e interações sociais.

Em alguns casos, uma pontuação de crédito social baixa pode levar a consequências legais, como multas, rebaixamentos ou até mesmo processos criminais.[135] Por exemplo, empresas com pontuações baixas podem sofrer penalidades, e indivíduos que violam repetidamente as normas sociais ou se engajam em atividades fraudulentas podem sofrer repercussões legais. Devido a essas características, o Sistema de Crédito Social Chinês é frequentemente comparado com o retrato fictício de "Nosedive". Embora o sistema tenha como objetivo promover a harmonia social, a responsabilidade e a confiabilidade, ele também levanta preocupações sobre privacidade, liberdade e possíveis abusos de poder.

Uma coisa que Roger deduziu após sua pesquisa sobre o progresso contínuo da implementação do dinheiro digital e do sistema de crédito chinês foi que ele traz os perigos do controle para os indivíduos e ameaça a liberdade individual. Os perigos do controle para uma pessoa podem se manifestar de diferentes maneiras, afetando seu bem-estar mental, emocional e físico. Quando os indivíduos são submetidos a um controle excessivo, eles podem perder a capacidade de tomar decisões financeiras e controlar suas vidas de forma independente. Isso pode levar a sentimentos de impotência, baixa autoestima e falta de confiança em suas habilidades.

Muitos especialistas também discutiram a ameaça de redução da liberdade financeira que a CBDC acarreta. Ela também pode levar a um efeito de esfriamento social, em que os indivíduos têm medo de se engajar na expressão de suas ideias por medo de leis e regulamentos rigorosos. O controle excessivo pode suprimir a criatividade e a autoexpressão de um indivíduo, pois ele pode sentir a necessidade de se adequar às expectativas e preferências dos detentores do poder. Isso pode limitar seu crescimento pessoal e prejudicar sua capacidade de explorar novas ideias e perspectivas.

Ele tentou imaginar um dia em que uma Moeda Digital do Banco Central (CBDC) controlasse diferentes aspectos da vida de um indivíduo para entender os prós e os contras desse sistema. Ele imaginou que poderia acordar com o despertador inteligente vinculado à sua CBDC e tomar um café fresco pela manhã em sua máquina de café vinculada à CBDC. No caso de fundos insuficientes em sua conta, talvez ele não conseguisse tomar o café da manhã e o despertador também não tocaria. O mesmo mecanismo rege a sua geladeira inteligente, que contém apenas alimentos saudáveis. Escolhas alimentares ruins podem levar a uma pontuação de CBDC mais baixa, o que pode acabar resultando em escolhas alimentares não saudáveis. Da mesma forma, seu deslocamento para o trabalho, desempenho no trabalho, refeições, impostos, entretenimento e outros aspectos da vida podem seguir um padrão semelhante. Isso traria seu próprio conjunto de poucas vantagens e muitas desvantagens que ainda não foram descobertas.

Ao se aprofundar nas previsões e especulações, Roger descobriu que o desenvolvimento de um sistema de crédito social semelhante estava em andamento nos EUA. As teorias relacionadas também indicaram que o escopo potencial do sistema de crédito social flexível em construção é enorme.[136] Com esse sistema, as empresas poderiam rastrear as atividades dos indivíduos e dar a eles recompensas ou punições corporativas que poderiam bloquear transações, adicionar sobretaxas ou até mesmo restringir o uso de determinados produtos. As pessoas até acreditam que as CBDCs marcariam o fim da liberdade americana.[137] No entanto, Roger sabia que a realidade só se tornaria clara quando o sistema monetário digital passasse a existir ou quando a ideia fosse tão incompatível com a liberdade e os direitos constitucionais americanos que pudesse ser banida antes de ter a chance de existir. (A Lei de Estado Antivigilância de CBDC foi introduzido em ambas as câmaras do Congresso dos EUA em fevereiro de 2024, o que proíbe o FED de criar uma CBDC. A Câmara dos EUA aprovou a resolução em maio de 2024)

Depois de sua longa, mas proveitosa jornada no ecossistema de criptomoedas, Roger pôde ver como isso poderia afetar o futuro do sistema monetário. As estatísticas revelaram que quase 2 bilhões de pagamentos feitos em todo o mundo são digitais todos os dias, e Roger pôde ver uma explosão de inovação criativa em andamento no sistema monetário.[138] Ele previu que mais caminhos para um sistema monetário digital se abririam no futuro, facilitando a criação de um sistema monetário digital robusto. No entanto, o papel das criptomoedas na fundação da base do futuro sistema monetário ainda estava para ser decidido. As falhas estruturais do universo cripto e algumas outras desvantagens desse ecossistema o tornam inadequado para um sistema monetário digital escalável. A dependência de criptomoedas por intermediários não regulamentados também apresenta diversos riscos financeiros.

Por outro lado, um sistema baseado no dinheiro do banco central parece mais adequado para a criação e o desenvolvimento de um sistema monetário que teria espaço para inovação e escalável. Ele também acreditava que os recursos normalmente associados ao ecossistema de criptomoedas, como programabilidade, *"composable"* e tokenização, não poderiam ser desenvolvidos em CBDCs. Roger lembra que "o Bitcoin foi criado durante a crise financeira de 2008 por causa da baixa confiança nas instituições bancárias e no FED. Ele também foi concebido para dar mais liberdade de transação e a capacidade de um indivíduo armazenar valor monetário sem a permissão ou o controle de uma autoridade central." Em sua opinião, o futuro do sistema monetário provavelmente será moldado por diversos fatores e tendências importantes, incluindo o aumento da capitalização de mercado das criptomoedas, os avanços na tecnologia financeira, a crescente pressão da globalização e as crescentes preocupações com a liberdade financeira e a privacidade. Os bancos centrais e as instituições financeiras provavelmente desempenharão um papel mais significativo na promoção de investimentos em energia nuclear, infraestrutura de energia e carvão limpo. Embora o impacto das criptomoedas no futuro sistema monetário ainda não tenha sido decidido, seu potencial de geração de dinheiro para os investidores é inegável.

Roger concluiu que, após uma década de transformação e evolução maciças no espaço das criptomoedas, o futuro das criptomoedas como investimento parece brilhante. A aprovação do fundo negociado em bolsa (ETF) Bitcoin à vista e os novos casos de uso das criptomoedas aumentaram o otimismo em relação ao seu potencial de crescimento.[139] Além disso, a transformação maciça e o desenvolvimento tecnológico na esfera das criptomoedas apontam para um futuro mais brilhante da tecnologia blockchain e de sua rede de suporte.

Em meio à abundância de especulações e previsões sobre criptomoedas, uma coisa permanece clara: a blockchain do Bitcoin continuará a melhorar em termos de escalabilidade e segurança. As criptomoedas e o Bitcoin continuarão sendo um assunto de grande interesse para os investidores e permanecerão no centro das atenções dos especuladores. É provável que o Bitcoin e outras criptomoedas continuem a ser populares entre um grupo específico de investidores tolerantes ao risco. Ao mesmo tempo, o futuro dos sistemas monetários provavelmente será construído com base em uma combinação de diferentes tecnologias e inovações digitais.

Capítulo 10: Conclusão

A jornada de Roger pelo complicado cenário das criptomoedas retrata a jornada de diferentes entusiastas e programadores de criptomoedas que testemunharam a enorme transformação da moeda digital desde seu início até o domínio do sistema financeiro e monetário pelas criptomoedas.

Em sua jornada para explorar a viagem do Bitcoin e das criptomoedas, Roger descobriu uma série de narrativas fascinantes de inovação, criatividade, modernização e potencial transformador. Roger, que entrou nesse espaço por curiosidade, não pôde deixar de se aprofundar nele e experimentar suas oportunidades em potencial em primeira mão. Cada capítulo deste livro ajudou você a ver mais de perto a jornada de Roger para desenvolver um entendimento profundo desse ecossistema e compreender a dinâmica que rege esse setor. Destacando os 15 anos desde que o *whitepaper* do Bitcoin foi lançado e a primeira blockchain ficou on-line, Roger abordou sua jornada e reflexão ao longo desses anos. Desde as origens complicadas do Bitcoin até a conquista de diferentes marcos evolutivos que, em última análise, moldaram o cenário desse ativo digital inovador.

Trocar milhares de Bitcoins por duas pizzas pode parecer uma ideia ridícula hoje em dia. Ainda assim, conforme mencionado no Capítulo Dois, quando Laszlo Hanyecz ofereceu dez mil Bitcoins em troca de duas pizzas, ninguém pareceu interessado na oferta. Inicialmente, as pessoas nem mesmo acreditavam na oferta, e as que acreditavam não pareciam interessadas nela, a menos que alguém aceitasse a oferta. Isso levou à famosa transação da pizza de Bitcoin, que se tornou uma marca histórica na história do Bitcoin. O início do Bitcoin, muitas vezes envolto em mistério sob o pseudônimo de Satoshi Nakamoto, marcou um momento crucial na história do desenvolvimento do sistema financeiro. Surgido após a crise financeira de 2008, o Bitcoin foi concebido como uma moeda descentralizada, livre dos grilhões das instituições financeiras tradicionais. Apesar de apresentar uma solução ideal para os problemas existentes nos sistemas financeiro e monetário, a moeda inicialmente sofreu uma falta de confiança de seus usuários pelos motivos certos. Com os efeitos posteriores da crise financeira de 2008 ainda evidentes, a confiança na nova ideia de uma moeda descentralizada era difícil de engolir. No entanto, isso não impediu que o potencial das criptomoedas se concretizasse em sua gama de possibilidades. Conforme discutido no primeiro capítulo, Satoshi Nakamoto estabeleceu as bases para um sistema de dinheiro eletrônico ponto a ponto que perturbaria o status quo por meio de princípios criptográficos e da tecnologia blockchain.

A tecnologia e a rede blockchain discutidas por Satoshi Nakamoto em seu *whitepaper* sobre o Bitcoin logo se tornaram o assunto da cidade com a revolução da blockchain. O ponto central da saga do Bitcoin é a revolucionária tecnologia blockchain que sustenta suas operações. A blockchain, um sistema de registro distribuído, permite transações transparentes, imutáveis e seguras, dando início a uma nova era de interações ponto a ponto sem confiança. Conforme explicado no segundo capítulo, a natureza descentralizada da blockchain prometia capacitar os indivíduos com um controle sem precedentes sobre seus ativos financeiros, transcendendo as fronteiras geográficas e os intermediários. No entanto, os primeiros anos de adoção e uso do Bitcoin foram marcados por diversos desafios, incluindo pouca conscientização do público e casos de uso experimentais. Após um crescimento lento nos primeiros anos, a base de usuários e o volume de transações ganharam impulso gradualmente. Como resultado da crescente conscientização, mais pessoas se interessaram pela mineração de Bitcoin, mas não tinham conhecimento da estrutura a ser seguida para entrar nesse mundo.

Além disso, a concentração da mineração de Bitcoin nas mãos de alguns indivíduos levantou preocupações sobre a centralização e a possível manipulação. Essas preocupações foram erradicadas com o tempo à medida que surgiram os *pools* de mineração, distribuindo o poder e aumentando a segurança da rede. Depois de passar por diferentes estágios de testes, erros, desenvolvimentos e inovações, as criptomoedas, que inicialmente começaram como um mero conceito, finalmente se tornaram um fenômeno global. A jornada do Bitcoin e das criptomoedas, de um mero conceito a um fenômeno global, diz muito sobre a engenhosidade humana, a resiliência e a busca incessante pela inovação. O que começou como uma ideia abstrata discutida e especulada nos limites de um *whitepaper* prosperou e se transformou em uma força transformadora que remodelou o cenário das finanças e da tecnologia em escala global.

Inicialmente, o Bitcoin surgiu como uma esperança de se afastar das desvantagens dos sistemas financeiros tradicionais, desafiando o controle final de autoridades e intermediários centralizados. Os visionários por trás dessa tecnologia revolucionária provavelmente imaginaram um mundo em que as pessoas pudessem fazer transações sem problemas, sem a necessidade de supervisão de terceiros. Essa parecia ser a solução perfeita para as armadilhas do sistema monetário centralizado e da inflação. Depois que a incerteza inicial entre o público se transformou em um interesse crescente, o conceito ganhou força em círculos de nicho, levando os entusiastas das criptomoedas e os primeiros a adotá-las a explorar os segredos da moeda descentralizada e a divulgar para o mundo. A comunidade dos primeiros desenvolvedores, mineradores e defensores lançou as bases para um ecossistema em expansão caracterizado por experimentação, inovação e contratempos ocasionais. Apesar do ceticismo inicial e dos obstáculos regulatórios, a resiliência da comunidade de criptomoedas impulsionou o Bitcoin para a consciência geral.

Com o tempo, diferentes criptomoedas alternativas e casos de uso inovadores da tecnologia blockchain também se tornaram parte do ecossistema cripto. De plataformas de finanças descentralizadas (DeFi) que reimaginam os serviços bancários tradicionais a *tokens* não fungíveis (NFTs) que revolucionam a propriedade digital, diferentes inovações provaram o potencial transformador dessa tecnologia. Em meio à batalha entre desafios e oportunidades, as criptomoedas continuaram sua trajetória de crescimento, tornando-se, por fim, um fenômeno global.

A evolução do Bitcoin, da obscuridade à proeminência, catalisou um renascimento mais amplo nas finanças digitais, abrindo caminho para uma gama diversificada de criptomoedas e aplicativos baseados em blockchain. Desde a introdução dos contratos inteligentes da Ethereum até o crescimento de bolsas descentralizadas e ativos digitais, o cenário das criptomoedas logo se transformou em um ecossistema vibrante com um amplo escopo de criatividade e possibilidades. Ao mesmo tempo, a adoção global das criptomoedas transcendeu os limites geográficos, promovendo uma comunidade sem fronteiras unida por uma visão compartilhada de soberania e capacitação financeira. À medida que as pessoas em todo o mundo aproveitavam as criptomoedas para evitar barreiras financeiras, preservar a riqueza e participar de novas formas de atividade econômica, o fenômeno se tornou global.

No entanto, a ascensão do Bitcoin e das criptomoedas do anonimato à onipresença teve seus desafios. O escrutínio regulatório, a volatilidade do mercado e os gargalos tecnológicos representaram obstáculos formidáveis no caminho para a adoção em massa. Da mesma forma, ela também se tornou uma ferramenta popular entre golpistas e *hackers*. Conforme discutido detalhadamente no Capítulo Quatro, diferentes bolsas de criptomoedas se tornaram segmentações de golpistas, levando a perdas maciças entre os investidores. No entanto, a cada teste e tribulação, a resiliência da comunidade de criptomoedas prevaleceu, impulsionando a inovação e impulsionando o setor.

Na vanguarda da revolução das criptomoedas está o financiamento descentralizado (DeFi), que tem o potencial de revolucionar a forma como concebemos e interagimos com os serviços financeiros tradicionais. As tendências e especulações sugerem que o fascínio das finanças descentralizadas está pronto para cativar um público cada vez maior, levando a uma transformação maciça no cenário financeiro. Em sua essência, a DeFi representa uma mudança de paradigma na prestação de serviços financeiros, aproveitando a tecnologia blockchain para contornar os intermediários e facilitar as transações entre pares de forma confiável. De empréstimos e financiamentos a negociações e gerenciamento de ativos, o escopo dos aplicativos DeFi é tão diverso quanto revolucionário, oferecendo aos usuários autonomia, transparência e eficiência sem precedentes.

Um dos principais fatores por trás da crescente popularidade do DeFi é sua promessa de inclusão financeira. Ao remover as barreiras de entrada e democratizar o acesso a serviços financeiros, o DeFi capacita indivíduos em todo o mundo a participar de um ecossistema financeiro aberto e inclusivo, independentemente da localização geográfica ou do status socioeconômico. De indivíduos sem conta bancária em países em desenvolvimento devastados pela guerra a comunidades sem conta bancária no mundo desenvolvido, o DeFi representa esperança para aqueles marginalizados pelos sistemas financeiros tradicionais, oferecendo uma linha de vida para o empoderamento financeiro e a agência econômica.

Além disso, o fascínio do DeFi está em seu potencial de revolucionar os serviços bancários tradicionais e oferecer aos usuários uma alternativa viável às instituições financeiras centralizadas. Ao aproveitar o poder dos contratos inteligentes e das redes descentralizadas, os protocolos DeFi facilitam empréstimos e financiamentos peer-to-peer contínuos, permitindo que os usuários ganhem juros sobre seus ativos ou acessem liquidez sem a necessidade de intermediários.

Essa desintermediação dos serviços bancários tradicionais não apenas reduz os custos e as ineficiências, mas também promove maior autonomia e controle financeiro para os usuários. Se olharmos com atenção, o futuro do DeFi parece estar inexoravelmente ligado à evolução mais ampla das criptomoedas e da tecnologia blockchain. A cada dia que passa, os protocolos DeFi estão se tornando cada vez mais sofisticados, interoperáveis e fáceis de usar, reduzindo as barreiras à entrada e expandindo o alcance das finanças descentralizadas para novos públicos. Além disso, a convergência do DeFi com tecnologias emergentes, como inteligência artificial, Internet das Coisas (IoT) e organizações autônomas descentralizadas (DAOs), promete desbloquear novas fronteiras de possibilidades, promovendo a inovação e a colaboração em uma escala até então inimaginável.

Além da DeFi, outra inovação em ativos digitais com considerável potencial de crescimento são as *altcoins*. Acredita-se que essas alternativas ao Bitcoin tenham o potencial de oferecer retornos consideráveis aos investidores, que podem superar os retornos de investimento do Bitcoin.[140] Com seu potencial de ser ocasionalmente menos volátil do que o Bitcoin, elas são consideradas uma opção de investimento lucrativa. Diferentes *altcoins* oferecem certos benefícios em relação ao Bitcoin, como melhor velocidade e taxas de processamento mais baixas. Esses fatores as tornam uma opção provável para dominar o mercado de criptomoedas e até mesmo competir com a criptomoeda mais popular, o Bitcoin.

As *altcoins*, criptomoedas alternativas ao Bitcoin, surgiram como concorrentes dinâmicos no cenário das criptomoedas. Elas tendem a ter o potencial de conquistar uma fatia maior do mercado e redefinir os contornos das finanças digitais. Esses diversos ativos digitais estão preparados para atingir novos patamares de popularidade e utilidade no futuro. O apelo das *altcoins* reside em sua capacidade de inovar com base nos princípios fundamentais estabelecidos pelo Bitcoin, oferecendo recursos, funcionalidades e casos de uso exclusivos, adaptados para atender às diversas necessidades de usuários e investidores. Um dos principais fatores por trás da crescente popularidade das *altcoins* é seu potencial de diversificação e otimização de portfólio. Embora o Bitcoin continue a ser a criptomoeda preeminente em termos de capitalização de mercado e reconhecimento do público geral, as *altcoins* oferecem aos investidores um espectro mais amplo de oportunidades de investimento que abrangem diferentes setores, indústrias e paradigmas tecnológicos.

Ao alocar estrategicamente o capital em um portfólio diversificado de *altcoins*, os investidores podem mitigar os riscos, capitalizar as tendências emergentes e potencialmente aumentar os retornos em um cenário de mercado em constante evolução. Além disso, a proliferação de *altcoins* democratizou o acesso a serviços financeiros e oportunidades de investimento, capacitando indivíduos de todo o mundo a participar da crescente economia digital. Desde as plataformas de finanças descentralizadas (DeFi), que permitem empréstimos, financiamentos e produção agrícola, até os *tokens* não fungíveis (NFTs), que revolucionam a propriedade digital e a monetização de conteúdo, as *altcoins* atuam como facilitadoras da inovação e da disrupção em diversos setores verticais, transcendendo as fronteiras e os intermediários tradicionais.

O desenvolvimento transformador das criptomoedas ressaltou a importância de compreender esse cenário e manter-se informado sobre os últimos acontecimentos nesse ecossistema. À medida que as criptomoedas continuam a permear o discurso dominante e a remodelar os mercados globais, indivíduos, empresas e formuladores de políticas enfrentam o desafio de se adaptar aos cenários de mudança no mundo financeiro. Diferentemente das moedas fiduciárias tradicionais, que são governadas por autoridades centralizadas, as criptomoedas operam em redes descentralizadas protegidas por algoritmos criptográficos. Esse afastamento fundamental do status quo introduz uma série de oportunidades e desafios exclusivos que exigem um entendimento claro para que se possa navegar com eficácia. Para os indivíduos, o entendimento das criptomoedas vai além da mera alfabetização financeira para o empoderamento pessoal. Ao se familiarizarem com as tecnologias e os princípios subjacentes que impulsionam as criptomoedas, os indivíduos podem assumir o controle de seus destinos financeiros, mitigar riscos e capitalizar as oportunidades emergentes na economia digital. Seja como meio de diversificar portfólios de investimento, facilitar transações internacionais ou participar de plataformas de finanças descentralizadas (DeFi), a proficiência em criptomoedas capacita os indivíduos a navegar em um mundo cada vez mais digitalizado com confiança e autonomia.

As empresas também podem colher benefícios substanciais de uma compreensão abrangente das criptomoedas. Desde as *startups* que utilizam a tecnologia blockchain para otimizar o gerenciamento da cadeia de suprimentos até as empresas estabelecidas que exploram a tokenização e as estruturas de governança descentralizadas, a proficiência em criptomoedas abre uma série de caminhos para a inovação, a eficiência e a vantagem competitiva. Ao ficar a par das tendências emergentes e dos desenvolvimentos regulatórios no espaço das criptomoedas, as empresas podem se posicionar na vanguarda da disrupção do setor, prontas para capitalizar o potencial transformador das finanças digitais. Além disso, os formuladores de políticas e os órgãos reguladores desempenham um papel fundamental na formação da trajetória de adoção e integração das criptomoedas em estruturas socioeconômicas mais amplas. A tomada de decisão informada e o engajamento proativo com as partes interessadas são essenciais para promover um ambiente propício à inovação, à proteção do consumidor e à estabilidade do mercado.

Ao promover o diálogo, realizar avaliações de risco completas e implementar estruturas regulatórias robustas que equilibrem inovação e liberdade com salvaguardas para os investidores, os formuladores de políticas podem aproveitar o potencial das criptomoedas para impulsionar o crescimento econômico, fomentar a inclusão financeira e promover a igualdade social.

A melhor estratégia para se manter atualizado com as últimas notícias e atualizações sobre criptomoedas é definir alertas personalizados em seus dispositivos. Diferentes plataformas de notícias oferecem atualizações personalizadas para ajudá-lo a se manter atualizado com as notícias do mercado, as tendências e as últimas atualizações relacionadas às suas criptomoedas específicas. Além disso, o engajamento em comunidades de criptomoedas e plataformas de discussão pode fazer uma grande diferença para mantê-lo informado sobre as últimas notícias e atualizações do mercado. Os tipos de notícias e atualizações sobre criptomoedas que devem ser observados incluem tendências e análises de mercado, desenvolvimentos regulatórios e atualizações legais, lançamentos de novas criptomoedas e ICOs, desenvolvimentos de segurança, incidentes de *hacking* e grandes parcerias e colaborações.

Lembre-se de que o mercado também é altamente suscetível a informações incorretas e atualizações falsas. Portanto, é fundamental confiar nas fontes de informações corretas. Em vez de confiar em fontes não verificadas, você deve confiar em especialistas e analistas renomados que entendem melhor o mercado e também podem fazer previsões e prognósticos corretos com base em dados históricos e tendências. No mercado altamente dinâmico das criptomoedas, obter as atualizações mais recentes o mais rápido possível pode fazer uma enorme diferença nos retornos gerais de seu investimento. Ao investir em criptomoedas, o elemento mais importante é ter uma mentalidade voltada para a inovação, que adote a transformação disruptiva e possa se adaptar a cenários em constante mudança.

Uma coisa que muitas vezes passa despercebida é a diferença entre investidores de cripto e de Bitcoin. Embora o Bitcoin em si seja uma criptomoeda, muitas vezes há uma variação no comportamento de investimento e na mentalidade dos investidores de cripto e bitcoin. Como a psicologia e a tomada de decisões emocionais tendem a desempenhar um papel significativo na compra e venda de criptomoedas, é preciso entender esses fatores antes de entrar nesse espaço. As duas principais mentalidades que dominam o mercado de investimentos em cripto são a "mentalidade bitcoin ou 'bitcoinista'" e a "mentalidade cripto nativa".

Essa mentalidade é geralmente comum entre os primeiros a adotar o Bitcoin, que entendem profundamente a tecnologia e os fatores subjacentes que controlam a dinâmica desse mercado. Os investidores com uma mentalidade "bitcoinista" acreditam na ideia de criar um sistema financeiro transparente, seguro e descentralizado. Sua paixão pela tecnologia e seu compromisso com os projetos de Bitcoin são visíveis por meio de suas opiniões e apoio aberto. Esses são os investidores cujo objetivo principal não é acumular riqueza rápida. Em vez disso, suas decisões de investimento são influenciadas por suas fortes crenças na ideologia por trás dessa tecnologia e no futuro prometido pela tecnologia blockchain.

Por outro lado, os cripto nativos são investidores que têm sido usuários e investidores ativos de cripto desde o início das criptomoedas. Em geral, eles são membros ativos da comunidade e possuem uma compreensão mais profunda do mercado e dos fatores que afetam o movimento do mercado. Esses investidores procuram abertamente por oportunidades no mundo cripto e estão prontos para explorar as possíveis aplicações da tecnologia blockchain e outros ativos digitais. Devido à sua vontade de explorar o potencial das criptomoedas, esses investidores provavelmente assumem riscos financeiros e podem estar envolvidos em investimentos de alto risco e alto retorno. Seus portfólios consistem em múltiplas moedas e ativos digitais.

Ambas as abordagens de investimento têm seus prós e contras exclusivos. Os "bitcoinistas" se concentram apenas no uso e no potencial do Bitcoin e podem deixar de explorar a ampla gama de possíveis aplicações de criptomoedas nas quais os cripto nativos se concentram. Essa é uma abordagem mais cautelosa e avessa ao risco, enquanto a mentalidade cripto-nativa enfatiza uma abordagem experimental para diversificação do portfólio e maximização do lucro. No entanto, se não for gerenciada de forma eficiente, a mentalidade cripto-nativa pode levar os investidores a assumir riscos não calculados por medo de ficar de fora (FOMO). A melhor abordagem é adotar uma mentalidade equilibrada, preenchendo a lacuna entre essas duas escolas de pensamento e protegendo seus investimentos em cripto. Para aproveitar ao máximo o potencial da blockchain e da Distributed Ledger Technology (DLT), é preciso desenvolver uma mentalidade de crescimento para entender e adotar essas inovações técnicas. Para isso, é necessário explorar as possibilidades desse mercado e as implicações ou casos de uso dessas tecnologias para diferentes partes interessadas.

Isso pode ser obtido em diferentes estudos de caso, relatórios, notícias, plataformas de discussão, relatórios de pesquisa e artigos. O desenvolvimento de uma mentalidade de crescimento o ajudará a pensar criticamente sobre as oportunidades e os riscos do mercado para aproveitar ao máximo a blockchain e as DLTs.

Uma consideração importante ao explorar as possibilidades das criptomoedas e da tecnologia blockchain é a introdução da Web 3. *"A Web 3.0 é uma* stack *emergente de infraestrutura digital alimentada por tecnologias como blockchain, contratos inteligentes e provas de conhecimento zero.*[141]

O termo refere-se à próxima iteração da Internet, construída com base na tecnologia blockchain e controlada por seus usuários. A ideia é construir uma rede de Internet descentralizada baseada na tecnologia DLT e blockchain, permitindo que os usuários a controlem comunitariamente. Espera-se que a tecnologia traga uma nova era para a Internet, com redes administradas pela comunidade controlando seu uso e acesso em comparação com o controle centralizado existente por algumas corporações. As três principais tecnologias que apoiam o desenvolvimento e a execução dessa nova Internet incluem blockchain, contratos inteligentes e ativos e *tokens* digitais. Portanto, é fundamental entender as nuances dessas tecnologias com antecedência para estar preparado para a mudança que está por vir.

Uma questão importante que surge em relação à natureza e ao potencial das criptomoedas e da blockchain é se elas são inovações disruptivas ou sustentadoras no setor financeiro. Os especialistas têm opiniões diferentes sobre isso. De acordo com uma pesquisa realizada entre especialistas, a maioria dos entrevistados acredita que a blockchain é uma inovação sustentável, e não uma inovação disruptiva.[142] Apesar da crescente popularidade da tecnologia blockchain no mundo financeiro, ainda não se sabe se ela se tornará uma inovação disruptiva ou sustentável; no entanto, não há dúvida sobre seu enorme potencial de crescimento e ganhos. O Bitcoin e as criptomoedas podem torná-lo um milionário com a mentalidade certa e o equilíbrio de pesquisa cuidadosa, diversificação, tempo e um pouco de sorte.

"Milhares de especialistas estudam indicadores de sobrecompra, padrões de cabeça e ombros, índices de compra e venda, a política do Fed sobre a oferta de dinheiro... e eles não conseguem prever os mercados com nenhuma consistência útil, assim como os espremedores de moela não conseguiam dizer aos imperadores romanos quando os hunos atacariam."

– Peter Lynch

Glossário

Ataque de 51%: Um ataque a uma blockchain por um grupo de mineradores que controla mais de 50% do poder de mineração (*hash rate*) da rede.

Algoritmo: Um processo ou conjunto de regras a serem seguidas em operações de resolução de problemas ou cálculos, geralmente por um computador.

Alta histórica (ATH): O ponto mais alto em termos de preço e capitalização de mercado que uma criptomoeda alcançou em sua história.

Baixa histórica (ATL): O ponto mais baixo em termos de preço e capitalização de mercado que uma criptomoeda alcançou em sua história.

Altcoins: Criptomoedas alternativas diferentes do Bitcoin.

Antilavagem de Dinheiro (AML): Um conjunto de leis internacionais para restringir indivíduos e organizações criminosas envolvidas em lavagem de dinheiro através de criptomoedas.

Automated Market Maker (AMM): Um protocolo de bolsa descentralizada (DEX) que permite aos usuários negociar ativos digitais automaticamente e sem permissão. Os AMMs utilizam *pools* de liquidez em vez de um mercado tradicional de compradores e vendedores e fazem parte do ecossistema de finanças descentralizadas (DeFi).

Bitcoin: A primeira criptomoeda descentralizada.

Bitcoin Core: Um *software* gratuito e de código aberto que define o protocolo Bitcoin e atua como padrão para a rede Bitcoin. É o cliente Bitcoin original e mais amplamente utilizado, permitindo que os usuários se conectem à rede, executem nós e validem blocos e transações.

Halving do Bitcoin: Um evento em que as recompensas totais por bloco confirmado são reduzidas pela metade.

Mineração de Bitcoin: O processo pelo qual as transações são oficialmente inseridas na blockchain usando mineradores SHA-256. Também é a forma como novos bitcoins são lançados em circulação.

Blockchain: Um livro-razão público compartilhado e imutável que facilita o registro de transações e o rastreamento de ativos em uma rede empresarial.

Recompensa de bloco: As moedas concedidas a um minerador ou grupo de mineradores por resolver o problema criptográfico necessário para criar um novo bloco em uma determinada blockchain.

Endereço de queima: Também conhecido como queima de *tokens*, é um processo irreversível geralmente alcançado ao enviar as moedas para um endereço público de carteira onde não podem ser recuperadas ou gastas. Uma vez enviadas para este "endereço de queima", as moedas tornam-se efetivamente inutilizáveis, reduzindo assim a oferta total em circulação da criptomoeda. Semelhante a um programa de recompra de ações.

Banco Central: Uma instituição pública responsável por implementar a política monetária, gerenciar a moeda de um país ou grupo de países e controlar a oferta de dinheiro.

Moeda Digital do Banco Central (CBDC): Uma forma digital de dinheiro do banco central amplamente disponível ao público em geral. "Dinheiro do banco central" refere-se ao dinheiro que é um passivo do banco central. Nos Estados Unidos, atualmente existem dois tipos de dinheiro do banco central: moeda física emitida pelo Federal Reserve e saldos digitais mantidos por bancos comerciais no Federal Reserve.

Cold wallet: Uma carteira de criptomoedas totalmente offline.

Algoritmo de consenso: Um processo usado para alcançar um acordo sobre um único valor de dados entre processos ou sistemas distribuídos.

Misturador de criptomoedas: Uma tentativa conceitual que permite que qualquer pessoa anonimize suas criptomoedas, permitindo que um terceiro misture suas criptos com várias outras transações. Ao final do processo, após uma pequena taxa, torna-se muito difícil decifrar de quem era a criptomoeda e qual o endereço de origem, obscurecendo efetivamente a origem das transações no livro-razão da blockchain.

Carteira de criptomoedas: Carteiras digitais que armazenam as chaves públicas e privadas dos usuários para suas criptomoedas.

Carteira custodial: Serviços de carteira oferecidos por uma empresa centralizada, como uma bolsa de criptomoedas.

Dark web: Uma parte da internet não indexadas por mecanismos de busca e só pode ser acessada com *software*, configurações ou autorizações específicas, como o navegador Onion do Project TOR.

Validação de dados: O processo de verificar a precisão e a qualidade de um conjunto de dados antes de seu uso.

Moeda morta: Uma criptomoeda que não existe mais.

Carteira morta: Endereços de criptomoedas que estão inativos há vários anos.

Descentralizado: Refere-se à propriedade de um sistema no qual nós ou atores trabalham em conjunto de forma distribuída para alcançar um objetivo comum.

Organização Autônoma Descentralizada (DAO): Um grupo de pessoas que trabalham juntas em direção a um objetivo compartilhado e seguem regras escritas no código autoexecutável do projeto.

Exchange Descentralizada (DEX): Um marketplace peer-to-peer (P2P) que permite aos usuários negociarem criptomoedas diretamente entre si sem a necessidade de um intermediário. As DEXs são fundamentais no movimento DeFi e são não custodiais, ou seja, os usuários mantêm o controle de suas chaves privadas. Utilizam contratos inteligentes em uma blockchain para automatizar o processo de negociação.

Finanças Descentralizadas (DeFi): Um sistema financeiro que depende de criptomoedas e da tecnologia blockchain para gerenciar transações financeiras.

Dumping: Uma venda coletiva no mercado que ocorre quando grandes quantidades de uma criptomoeda específica são vendidas em um curto período de tempo.

Criptografia de curva elíptica: O método secp256k1 é usado para gerar pares de chaves públicas e privadas usando a fórmula $y^2 = x^3 + 7$.

Algoritmo de Assinatura Digital de Curva Elíptica (ECDSA): Uma chave privada é usada para produzir uma chave pública, mas a chave pública não pode ser revertida para criar a chave privada.

Criptografia: O processo de converter dados em código secreto e incompreensível, de modo que apenas as partes pretendidas possam entender a informação. Transforma os dados originais, conhecidos como texto simples, em um código secreto chamado texto cifrado.

Ether: A forma de pagamento usada na operação da plataforma de aplicativos distribuídos Ethereum.

Fundos Negociados em Bolsa (ETFs): Um título que acompanha uma cesta de ativos como ações, títulos e criptomoedas, mas que pode ser negociado como uma única ação.

Fear of Missing Out (FOMO): A ansiedade ou apreensão que os indivíduos sentem ao perceber que outros estão fazendo investimentos lucrativos ou aproveitando oportunidades significativas no mercado de criptomoedas, temendo perder ganhos potenciais.

Reserva Federal (FED): O banco central dos Estados Unidos, responsável por fornecer ao país um sistema monetário e financeiro seguro, flexível e estável.

Moeda fiduciária: Derivada da palavra latina "fiat", que significa determinação por uma autoridade. Neste caso, um governo decreta o valor da moeda, mesmo que não seja representativa de outro ativo ou instrumento financeiro como ouro ou cheque.

Fork: Ocorre quando uma comunidade faz uma mudança no protocolo ou conjunto de regras fundamentais da blockchain. Isso provoca uma divisão na cadeia, produzindo uma segunda blockchain que compartilha todo o histórico com a original, mas segue em uma nova direção.

Banco de reserva fracionária: Um sistema em que apenas uma fração dos depósitos bancários precisa estar disponível para saque. Os bancos mantêm apenas uma quantidade específica de dinheiro em caixa e podem criar empréstimos a partir do dinheiro depositado pelos clientes.

GameFi: A interseção entre tecnologia blockchain, finanças descentralizadas (DeFi) e teoria dos jogos, combinando elementos de jogos com serviços financeiros.

Hash: Uma função criptográfica que cria um valor de comprimento fixo a partir de um bloco de dados em uma blockchain. Este valor, chamado "hash" ou "resumo", é único para os dados de entrada e adiciona uma impressão digital ao bloco de dados.

Algoritmo de hashing: Uma função matemática que embaralha os dados, tornando-os ilegíveis.

Função de hashing: Utilizada para garantir a segurança e imutabilidade da blockchain. Cada bloco contém um *hash* criptográfico dos dados do bloco anterior, de modo que a modificação dos dados em um bloco invalida todos os blocos subsequentes.

Hashpower (também chamado de *hash rate*): Uma medida do poder computacional de uma rede blockchain, grupo ou indivíduo. Determinado pelo número de tentativas feitas por segundo para resolver o *hash* em uma blockchain criptográfica. Ajuda a determinar a dificuldade de mineração da rede.

Carteira de hardware: Uma carteira de criptomoedas "fria" que é um dispositivo físico offline, permitindo ao usuário controlar suas chaves criptográficas.

Hold On for Dear Life (HODL): Uma estratégia de investimento que consiste em comprar criptomoedas com a intenção de nunca as vender.

Hot wallet: Uma carteira on-line que está sempre conectada à internet.

Inflação: Quando a oferta monetária em uma economia cresce mais rápido que a capacidade da economia de produzir bens e serviços.

Oferta Inicial de Moedas (ICO): Um tipo de financiamento coletivo que utiliza criptomoedas como meio de levantar capital para empresas em estágio inicial.

Valor intrínseco: O valor percebido ou calculado de um ativo, investimento ou empresa usado na análise fundamental.

Endereço de IP (Protocolo de Internet): Um endereço numérico único atribuído a um dispositivo conectado à internet.

Know Your Customer (KYC): Verificações de segurança realizadas por plataformas de negociação e bolsas de criptomoedas para verificar a identidade de seus clientes.

Livro-razão: Um registro de transações mantido por instituições financeiras centralizadas e aplicações de finanças descentralizadas.

Ledger (carteira de hardware): Armazena suas chaves privadas em um ambiente seguro e offline, proporcionando tranquilidade e controle total sobre seus ativos. Suas chaves privadas ficam isoladas da internet, protegendo sua carteira de *hackers* e *spyware* em seu laptop ou smartphone.

Litecoin: Uma rede de pagamentos global e de código aberto que é totalmente descentralizada, sem autoridades centrais.

Meme coin: *Tokens* cripto criados como uma piada ou meme.

Mineração combinada: O ato de minerar duas ou mais criptomoedas ao mesmo tempo sem sacrificar o desempenho geral da mineração.

Ajuste de dificuldade de mineração (Bitcoin): Parte crucial do processo de mineração de Bitcoin que ajusta a dificuldade da equação matemática que os mineradores devem resolver para encontrar o *hash* do próximo bloco. O ajuste ocorre automaticamente a cada 2.016 blocos, ou cerca de duas semanas.

Oferta monetária: Todo o estoque de moeda e outros instrumentos líquidos em circulação em uma nação em um dado momento.

Mt. Gox: Uma bolsa de criptomoedas para compra e venda de Bitcoin que já foi a maior plataforma do mundo. Originalmente criada em 2010 por Jed McCaleb, chegou a movimentar 70–80% do volume de negociação de Bitcoin, tendo um papel significativo na atividade de mercado da criptomoeda. Atualmente está falida.

Carteira multisig: Uma carteira digital que exige que múltiplos usuários autorizem uma transação. O número de assinaturas necessárias é igual ou inferior ao número de usuários que compartilham a carteira.

Tokens Não Fungíveis (NFTs): Ativos verificados pela blockchain que não podem ser replicados ou corrompidos.

Chave privada: Uma variável na criptografia usada com um algoritmo para criptografar e descriptografar dados.

Prova de Participação: Um mecanismo de consenso de criptomoeda para processar transações e criar novos blocos em uma blockchain. (Ethereum)

Prova de Trabalho (Proof-of-Work): Um mecanismo de consenso de blockchain que requer um esforço computacional significativo de uma rede de dispositivos. (Bitcoin)

Protocolo: O conjunto de regras que define as interações em uma rede, geralmente envolvendo consenso, validação de transações e participação na rede de uma blockchain.

Assinaturas digitais baseadas em chave pública: Permitem que os usuários enviem Bitcoin sem necessidade de confiança mútua.

Pump and Dump: Uma forma de fraude que envolve a inflação artificial do preço de uma criptomoeda com declarações positivas falsas e enganosas.

Flexibilização Quantitativa (QE): Uma estratégia de política monetária usada por bancos centrais, como o Federal Reserve. Com a QE, o banco central compra títulos para reduzir as taxas de juros, aumentar a oferta de dinheiro e incentivar mais empréstimos a consumidores e empresas.

Seed phrase: Uma sequência de 12 ou 24 palavras aleatórias que fornecem as informações necessárias para recuperar uma carteira de criptomoedas perdida ou danificada.

Carteira de autocustódia: Uma carteira que permite enviar e receber criptomoedas e conectar-se a aplicativos descentralizados (DApps). Com ela, você gerencia sua chave privada, tendo controle total de seus ativos cripto.

Silk Road: Uma plataforma de mercado negro digital conhecida por hospedar atividades de lavagem de dinheiro e transações ilegais de drogas usando Bitcoin. Considerado o primeiro mercado da dark web, foi lançado em 2011 e fechado pelo FBI em 2013.

Contratos inteligentes: Contratos digitais armazenados em uma blockchain que são executados automaticamente quando termos e condições predeterminados são atendidos.

Carteira de software: Também conhecida como aplicativo de carteira, é um programa que permite aos usuários armazenar, enviar e receber criptomoedas virtualmente. São criptografadas e exigem uma senha para acesso, podendo ser instaladas em qualquer dispositivo.

Stablecoin: Uma criptomoeda cujo valor está atrelado a um ativo fiduciário do mundo real.

Staking: Processo em que investidores bloqueiam seus *tokens* cripto com um validador de blockchain por um período para ajudar na operação da blockchain. Em troca, recebem novos *tokens* quando seus *tokens* em *staking* são usados para validar dados.

The Onion Router (Tor): Um navegador gratuito e de código aberto que utiliza a rede Tor para proteger a privacidade e o anonimato do usuário na internet. Seu método de roteamento em camadas envolve direcionar o tráfego através de múltiplos servidores para garantir a segurança dos dados.

Tokens: Qualquer criptomoeda além de Bitcoin e Ethereum que representa ativos digitais, residindo em suas próprias blockchains ou em plataformas existentes.

Token swap: Em DeFi, é o processo de trocar uma criptomoeda por outra usando um protocolo de troca baseado em contratos inteligentes.

Token de utilidade: *Tokens* baseados em blockchain que têm um uso específico e oferecem utilidade.

Web 3.0: A terceira geração da World Wide Web (WWW), que envolve imersão direta no mundo digital.

Referências

[1] Antonopoulos, A. (2017). Mastering Bitcoin: Programming the Open Blockchain. Chapter 2. https://github.com/bitcoinbook/bitcoinbook/blob/develop/ch02.asciidoc

[2] Antonopoulos, A. (2017). Mastering Bitcoin: Programming the Open Blockchain. Chapter 1. https://github.com/bitcoinbook/bitcoinbook/blob/develop/ch01.asciidoc

[3] Antonopoulos, A. (2017). Mastering Bitcoin: Programming the Open Blockchain. Chapter 1. https://github.com/bitcoinbook/bitcoinbook/blob/develop/ch01.asciidoc

[4] Antonopoulos, A. (2017). Mastering Bitcoin: Programming the Open Blockchain. Chapter 2. https://github.com/bitcoinbook/bitcoinbook/blob/develop/ch02.asciidoc

[5] Antonopoulos, A. (2017). Mastering Bitcoin: Programming the Open Blockchain. Chapter 1. https://github.com/bitcoinbook/bitcoinbook/blob/develop/ch01.asciidoc

[6] ussc.gov/sites/default/files/pdf/training/annual-national-training-seminar/2018/Emerging_Tech_Bitcoin_Crypto.pdf

[7] ussc.gov/sites/default/files/pdf/training/annual-national-training-seminar/2018/Emerging_Tech_Bitcoin_Crypto.pdf

[8] ussc.gov/sites/default/files/pdf/training/annual-national-training-seminar/2018/Emerging_Tech_Bitcoin_Crypto.pdf

[9] Antonopoulos, A. (2017). Mastering Bitcoin: Programming the Open Blockchain. Chapter 1. https://github.com/bitcoinbook/bitcoinbook/blob/develop/ch01.asciidoc

[10] ussc.gov/sites/default/files/pdf/training/annual-national-training-seminar/2018/Emerging_Tech_Bitcoin_Crypto.pdf

[11] Antonopoulos, A. (2017). Mastering Bitcoin: Programming the Open Blockchain. Chapter 2. https://github.com/bitcoinbook/bitcoinbook/blob/develop/ch02.asciidoc

[12] Antonopoulos, A. (2017). Mastering Bitcoin: Programming the Open Blockchain. Chapter 2. https://github.com/bitcoinbook/bitcoinbook/blob/develop/ch02.asciidoc

[13] Antonopoulos, A. (2017). Mastering Bitcoin: Programming the Open Blockchain. Chapter 1. https://github.com/bitcoinbook/bitcoinbook/blob/develop/ch01.asciidoc

[14] Antonopoulos, A. (2017). Mastering Bitcoin: Programming the Open Blockchain. Chapter 1.

https://github.com/bitcoinbook/bitcoinbook/blob/develop/ch01.asciidoc
[15] Quantitative Easing: An Underappreciated Success | PIIE
[16] Back to Basics: What Is Money? - Finance & Development, September 2012 (imf.org)
[17] Chronology of Monetary History 9,000 - 1 BC (exeter.ac.uk)
[18] What is bitcoin halving? What it means and how it works (usatoday.com)
[19] Off-Ramp and On-Ramp Crypto, What You Need To Know (rockwallet.com)
[20] The Genesis Block: The First Bitcoin Block | Nasdaq
[21] Stevenson University
[22] bitcoinbook/ch01_intro.adoc at develop · bitcoinbook/bitcoinbook · GitHub
[23] bitcoinbook/ch02_overview.adoc at develop · bitcoinbook/bitcoinbook · GitHub
[24] Bitcoin Forum - Index (bitcointalk.org)
[25] Pizza for bitcoins? (bitcointalk.org)
[26] The History of the Mt Gox Hack: Bitcoin's Biggest Heist (blockonomi.com)
[27] What's the dark web? - Google One Help
[28] bitcoin.pdf
[29] 'Bitcoin is a currency': Federal judge says the virtual cash is real money (nbcnews.com)
[30] A Vancouver Coffee Shop Has the World's First Bitcoin ATM (businessinsider.com)
[31] What Are Altcoins, Coins, and Tokens? | Britannica Money
[32] [ANN] Litecoin - a lite version of Bitcoin. Launched! (bitcointalk.org)
[33] Litecoin - Open source P2P digital currency
[34] Orphan block - Glossary | CSRC (nist.gov)
[35] Just a moment... (bitcointalk.org)
[36] Ethereum Launches | Ethereum Foundation Blog
[37] Utility Token Definition | CoinMarketCap
[38] What are Stablecoins and How They Work | Britannica Money
[39] What is the difference between Utility Tokens and Security Tokens? — Bitpanda Academy
[40] Dogecoin - An open-source peer-to-peer digital currency
[41] MasterCoin: New Protocol Layer Starting From "The Exodus Address" (bitcointalk.org)
[42] MasterCoin: New Protocol Layer Starting From "The Exodus Address" (bitcointalk.org)
[43] Cryptocurrency Pump-and-Dump Schemes by Tao Li, Donghwa Shin,

Baolian Wang :: SSRN

[44] finma.ch/en/news/2018/02/20180216-mm-ico-wegleitung/

[45] Cryptocurrency Pump-and-Dump Schemes by Tao Li, Donghwa Shin, Baolian Wang :: SSRN

[46] Let's talk about the projected coin supply over the coming years.. : r/ethereum (reddit.com)

[47] $257 Million: Filecoin Breaks All-Time Record for ICO Funding - CoinDesk

[48] wsj.com

[49] What Is a Crypto Winter? | The Motley Fool

[50] Comparative study on cryptocurrency transaction and banking transaction - ScienceDirect

[51] Difference between Traditional V/S Crypto Banking (bitcointalk.org)

[52] What is Tumbler? Definition & Meaning | Crypto Wiki (bitdegree.org)

[53] https://twitter.com/officialmcafee/status/1131907719269634049

[54] bitcoinbook/ch11_blockchain.adoc at develop · bitcoinbook/bitcoinbook · GitHub

[55]" What are smart contracts on blockchain? | IBM

[56] Back to Basics: What Is Money? - Finance & Development, September 2012 (imf.org)

[57] Barter | Barter System, Exchange Economy & Bartering | Britannica Money

[58]https://digitalcommons.bard.edu/cgi/viewcontent.cgi?article=1028&context=senproj_f2022

[59] What Is the Gold Standard? Advantages, Alternatives, and History (investopedia.com)

[60]https://digitalcommons.bard.edu/cgi/viewcontent.cgi?article=1028&context=senproj_f2022#:~:text=This%20paper%20will%20argue%20that,unlike%20the%20Fiat%20Money%20system.

[61] https://www.federalreservehistory.org/essays/panic-of-1907

[62] What Is Quantitative Easing (QE), and How Does It Work? (investopedia.com)

[63] Quantitative easing generates more inflation than conventional monetary policy | CEPR

[64] Bitcoin vs. fiat currencies: Insights from extreme dependence and risk spillover analysis with financial markets - ScienceDirect

[65] What Happens to Bitcoin After All 21 Million Are Mined? (investopedia.com)

[66] (PDF) COMPARATIVE ANALYSIS OF VOLATILITY OF CRYPTOCURRENCIES AND FIAT MONEY (researchgate.net)

[67] PwC Global Crypto Regulation Report 2023 - Amended to include the BCBS rules

[68] What is Anti-Money Laundering? | IBM

[69] Cryptocurrency Income Is Taxable Income - Center for American Progress

[70] Which Countries Have Banned Crypto, and Why? (techopedia.com)

[71] PwC Global Crypto Regulation Report 2023 - Amended to include the BCBS rules

[72] https://www.bis.org/publ/bppdf/bispap136.pdf

[73] Bitcoin's Price History (investopedia.com)

[74] $9 Billion Worth Of Ethereum Was Burned In 1.4 Years | CryptoCrunchApp on Binance Square

[75] Ethereum's Coming of Age: "Dencun" and ETH 2.0 (grayscale.com)

[76] Ethereum's Burn Mechanism: Over $9 Billion in ETH Removed From Supply - UNLOCK Blockchain (unlock-bc.com)

[77] How Much of Your Portfolio Should be in Crypto? (betterment.com)

[78] What Is Dollar Cost Averaging? | Charles Schwab

[79] Deflationary Coins, Tokens, Cryptos & Assets | CryptoSlate

[80] Pepe (PEPE) - Price, Chart, Info | CryptoSlate

[81] Baby Doge Coin (BabyDoge) - Price, Chart, Info | CryptoSlate

[82] Bitcoin's surge to $73k put 99.76% of entities in profit, signaling mature phase of bull market (cryptoslate.com)

[83] Bitcoin price history Mar 24, 2024 | Statista

[84] What is Bitcoin Halving (2024) & How Does it Work? (indiatimes.com)

[85] Tweets from Elon Musk and other celebrities boost dogecoin to record (cnbc.com)

[86] Crypto Market Cap Charts | CoinGecko

[87] https://www.coindesk.com/learn/custodial-wallets-vs-non-custodial-crypto-wallets/

[88] Seed Phrase (crypto.com)

[89] DeFi leverage (bis.org)

[90] Ethereum's Vitalik Buterin Calls on Power Users to Move to Layer 2 Scaling - CoinDesk

[91] What is PancakeSwap (CAKE)? | The Motley Fool

[92] Everything You Need to Know About Binance Smart Chain (BSC) - Blockchain Council (blockchain-council.org)

[93] Polygon blockchain explained: A beginner's guide to MATIC (cointelegraph.com)

[94] Polygon blockchain explained: A beginner's guide to MATIC (cointelegraph.com)

[95] General | Tangible

[96] What is GameFi and How Does Play-to-Earn Work? (techopedia.com)

[97] The Metaverse, Zuckerberg's Tech Obsession, Is Officially Dead. ChatGPT

Killed It. (businessinsider.com)

[98] Different Ways to Verify Your Smart Contract Code | QuickNode

[99] SEC.gov | Statement on the Approval of Spot Bitcoin Exchange-Traded Products

[100] SEC Pushes Back on ETH ETF Applications From BlackRock, Fidelity (coindesk.com)

[101] Masterworks - Learn to Invest in Fine Art

[102] Cryptocurrency Market Size, Growth & Trends Report, 2030 (fortunebusinessinsights.com)

[103] Day Trading: Leveraging Stop Loss Orders for Intraday Trading Success - FasterCapital

[104] What Does HODL Mean in Crypto? | The Motley Fool

[105] What Is Crypto Mining? Overview, Benefits, & Risks | Britannica Money

[106] Crypto Staking Explained: How It Works, Types, & Risks | Britannica Money

[107] How Does Bitcoin Mining Work? A Guide for Business | Toptal®

[108] bitcoinbook/ch01_intro.adoc at develop · bitcoinbook/bitcoinbook · GitHub

[109] How is SHA-256 used in blockchain, and why? (educative.io)

[110] Bitcoin Mining Evolution: CPUs, ASICs & Merged Mining | Rootstock - Smart Contract Platform Secured by the Bitcoin Network

[111] Hash Functions and list/types of Hash functions - GeeksforGeeks

[112] GPU Mining Definition | Forexpedia™ by BabyPips.com

[113] Merged Mining | Binance Academy

[114] What Is a 51% Attack? (coindesk.com)

[115] Mining — Bitcoin

[116] (PDF) Revisiting Bitcoin's carbon footprint (researchgate.net)

[117] bitcoinbook/ch12_mining.adoc at develop · bitcoinbook/bitcoinbook · GitHub

[118] Bitcoin snuck into the Billions season 5 premiere. Here's how - Decrypt

[119] Crypto Mining Taxes: Beginner's Guide 2024 | CoinLedger

[120] bitcoinbook/ch02_overview.adoc at develop · bitcoinbook/bitcoinbook · GitHub

[121] (PDF) Revisiting Bitcoin's carbon footprint (researchgate.net)

[122] Carbon Footprint Comparison of Bitcoin and Conventional Currencies in a Life Cycle Analysis Perspective - ScienceDirect

[123] How one Pennsylvania company is using waste coal to mine Bitcoin (alleghenyfront.org)

[124] Is Proof-of-Stake Really More Energy-Efficient Than Proof-of-Work? (bitwave.io)

[125] Yield Farming: The Truth About This Crypto Investment Strategy

(investopedia.com)

[126] thestreet.com

[127] Bitcoin Halving Countdown Live (watcher.guru)

[128] How Many Bitcoin Are There? How Much Supply Left to Mine? (bitbo.io)

[129]

B11___SC_LY__BOOK_CHAPTER___Environmental_effects_of_Cryptocurrenci es[1].pdf (dcu.ie)

[130] SEC.gov | Statement on the Approval of Spot Bitcoin Exchange-Traded Products

[131] What Is a Central Bank Digital Currency (CBDC)? (investopedia.com)

[132] Blockchain application for central bank digital currencies (CBDC) - PMC (nih.gov)

[133] https://www.gov.cn/zhengce/content/2014-06/27/content_8913.htm

[134] China banned millions of people with poor social credit from transportation in 2018 - The Verge

[135] The complicated truth about China's social credit system | WIRED

[136] Coming soon: America's own social credit system | The Hill

[137] CBDCs Will Be the End of American Freedom | Opinion (newsweek.com)

[138] III. The future monetary system (bis.org)

[139] BlackRock's Game-Changing Bitcoin ETF: What Every Investor Needs to Know | The Motley Fool

[140] https://cryptoadventure.com/will-altcoins-overtake-bitcoin-investment-returns-in-the-future/

[141] https://www.sciencedirect.com/science/article/pii/S219985312300152X

[142] https://sloanreview.mit.edu/strategy-forum/is-blockchain-a-disruptive-or-a-sustaining-innovation-what-experts-say/

www.ingramcontent.com/pod-product-compliance
Lightning Source LLC
Chambersburg PA
CBHW060545200326
41521CB00007B/489